睡遍这世界 醉美民宿

沈虹 —— 著

中国友谊出版公司

自　序

我在上海法租界的老洋房里

藏了一棵会发光的树

我叫沈虹，生于20世纪90年代的前一年，朋友们爱叫我企鹅，因为我总是穿一身黑衣服，加一个项圈，很像一只帝企鹅。我最近的烦恼是做大项目的时候，工作伙伴觉得我的文身、娃娃音太可爱，导致我只能天天戴一副黑框大眼镜。

我是一名设计师，也是个疯狂改造老洋房的民宿主人。我曾经入读上海、纽约和米兰顶级的设计学院，带着家具设计作品去米兰国际设计周参展，做过大型舞台剧的舞美设计，有过自己的服装品牌，还在上海法租界漂亮地改造了50座老洋房作为民宿，其中包括导演费穆先生的故居树德坊，他在那里和阮玲玉共同创作了电影《小城之春》。我在这座老房子里，邀请上海视觉艺术学院公共艺术专业的负责人刘毅，共同设计了一个和小区同名的灯光装置艺术——"树德坊的树"。

它是一棵贯穿三层楼的树，直通房顶，枝干蔓延各个空间。一到夜里，它就会柔柔地映着皎洁的白光，和老洋房共同呼吸、生长。

今年是我进入民宿这行的第三年，从一个人到十几个人的小团队，历经上海、宁波，再到现在遍布东南亚的海岛。我们这个充满正能量的高颜值小团队，运营着一个小而美的跨国品牌：醒山。

在上海，醒山是梧桐树下法租界洋房的"醒山 Nite Awaken Mountain"；在宁波，醒山是与天一阁咫尺的"书房 Nite The Study"；在泰国普吉岛，醒山是俯瞰安达曼海的无边泳池精品酒店公寓"安达 Nite Anda"。这三家民宿的设计都由我完成，皆为旧房改造。我幸运地做着自己热爱并擅长的设计专业。客人常说我们的民

宿有着可治愈人心的神奇魅力。我们至今已接待了四万人次，好评如潮。

我登上了《旅游情报》《好奇心日报》、*ELLE DECO*、《福布斯》中文版等热门媒体，拥有千万粉丝的明星、KOL成为我们的常客，设计师品牌和时尚杂志也不断将醒山作为拍摄取景地。要知道，成为意外走红的"网红民宿"绝非偶然，全靠背后的努力。

人的一生都在与空间发生着各种各样的联系，我的工作就是挖掘这种潜在的联系，深究人的需求，以此带来更好的体验。这让我更加明白生活就是简单的、踏踏实实的美好。我们会带着客人在上海的老法租界穿越弄堂吃地道的生煎，也会在钢铁森林的房子里藏一棵会发光的树，客人可以在树下枕酒一赋撩月亮。实际上，我们不仅分享了空间本身，也在用心分享我们的生活。

有很多人问过我打造民宿的心得，如何做空间设计？我总觉得这个问题太大，需要著书立作才能讲清楚。于是，有了大家手上拿着的这本《睡遍这世界醉美民宿》。民宿是一种很难被复制的产品，每一个民宿都是独一无二的，这是核心竞争力，也是快速复制的壁垒。

每个人都能摸索出一套自己改造老房子的方法，当好一名民宿主人，因为我们每个人都幻想过自己的美好家园，梦想的家、甜蜜的家。我在做设计的时候喜欢提醒自己，忽略自己是设计师的身份，把自己当作一个独立人的信息传输通道。每当觅到一个待改造的新房源，第一件要做的事情就是：什么都不做，一个人静静地坐在这套老房子里，感受它的气味、光线、空间，开始做角色扮演。每一座老建筑，因为地域和建造时间的关系，一定都会住进一些带有时代烙印的人。我在进入这些老房子的时候，都会把自己想象成当年屋子的主人。以此帮助我更好地理解屋子的环境和应有的最对味的设计氛围。

这三年来我摸索出了许多类似有趣的方法。除了民宿空间的设计本身，品牌、运营、销售等各个环节都需要脑洞的设计。希望本书中我的故事能给大家小小的启发。

未来我要做什么？我不再需要去改造房子了，我想探索更多的可能性，我要去造房子。如今的人们已经可以在非常短的时间里，实现把原有的房子改造成迎接世界来宾的住所。那么，我要去开辟荒地，看看能不能实现我看着世界地图，就直接把家安在瀑布边上、树上、悬崖上、海底、沙漠里……传统意义上，开垦一片荒地，需要花很长时间、很高成本造房子，做基建、配套资源。所以我们团队现在正在研发可快速移动的建筑。

我觉得我可能一辈子都干不完，但是它的诱惑力，肯定会吸引和我一样的人，一起探索让人们活得更加"任性"的方式。我们的目的只有一个——更易到达的时空，活得更爽的人生。然后把我们的空间和服务，在与环境友好共处的前提下，都嫁接到喜欢的地方去。以前是走到哪里，哪里就是家，未来是看中哪儿，哪儿就是家了。

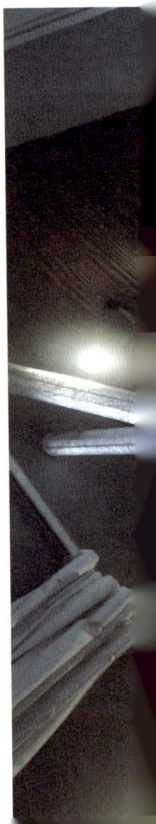

目　　录

CONTENTS

不 断 地 出 走 ， 去 找 一 个 最 对 的 自 己 I

什 么 样 的 人 适 合 做 民 宿 ？ 2

年 轻 的 躯 体 热 爱 古 老 的 房 子 ， 改 造 是 注 入 灵 魂 的 过 程 3

从民宿小白到明星房东 4

民宿 = 民 + 宿 5

6 向酒店学习

7 在开民宿前，你还需要知道的

PART 1

不断地出走，

去找一个最对的自己

四海为家，belong anywhere，

人生可以如此自由

CHAP-
TER

(I)   (4)

在写书之前，我想得很简单，真的开始码字，却发现比写社交媒体难好多。那时候我刚从上海到泰国，开始做我的第一家海岛民宿。不管我的民宿在哪里，在我心目中，最核心的一点不变——民宿给大家传递的最重要的一个关键词就是"家"。

于是在我提笔的一刻，想要回忆心中的家，最初的样子。

和大多数人不一样，我的第一个家是舞台。我的父母都是专业舞者，他俩十四岁时双双进入解放军兰州军区歌舞团，当上了文艺兵。那时候部队全职舞者非常纯粹，他们居无定所，跟着演出的安排，住在全国各地不同的部队大院里。在他们相爱、结合并有了我之后，生活也并没有太多变化。爸爸、妈妈带着我，依然保持高频次演出。我们一家人像流浪的吉卜赛人，以至于今时今日，我回想不起童年家里的任何一件陈设，脑海里属于我们三个人的家只有剧院。

每一家剧院都长得类似，有着同样高大的木质台阶，红色丝绒布的帐幔，阶梯看台上是一模一样的铁质靠背翻椅。台上的舞蹈演员们浓妆艳抹，穿着一样的演出服装，我完全分辨不出来谁是谁。但只要他们一开始跳舞，我就能一秒钟认出爸爸、妈妈，精准地指出他们在舞台上旋转到的任何一个点位。每次去一个全新的剧院，只要镁光灯一打开，笼罩到舞台上，闻到舞台地面蒸发起来的特有的胶味，我就感觉回家了，这应该就是我持续到现在的乡愁吧？

很小的时候，有一次父母在舟山一家剧院领舞芭蕾舞剧。也许是被古典音乐的悲伤打动，也许是对父母的眷念，年幼的我竟忍不住冲上舞台，溜到爸爸、妈妈位置边，就是舞台上最靠近观众席的中央，跟着一起跳起来、旋转起来，完全忽略了除我们一家三口以外的观众和演员。几十年过去了，我还清晰地记得爸爸、妈妈那一刻惊喜的神情，他们没有停下来，没有呵斥我，而是继续和我一起跳完。台下观看表演的叔叔、阿姨，包容地为我们鼓掌、尖叫和喝彩。那是我人生中最幸福的一瞬间，后来的日子我们一家三口越来越忙碌，越来越少有缘分能聚在一起。

岁月流逝，我们或许不能回到童年，但可以把童年的家复制出来吧？2016年，我在上海的一家老洋房内，如愿以偿，设计了一套剧院主题的民宿。我在客厅中间支起了和剧院一样的红色帷幕，整个房间色彩浓郁，有缝纫机、旧樟木箱、泛黄的老书等许多戏剧性的陈设，营造出穿越的年代感。人生如戏，干脆就住在戏里吧！说到戏剧，冯小刚导演的电影《芳华》，讲述的几乎就是我父母的故事。

人生的第二个家，是我外婆家。稍微大些，父母因为演出频繁，没有充裕的时间照看我，所以把我安顿在外婆家方便上学。外婆好客，家里时常宾客满满，热闹非凡。谈笑往来的客厅对年幼的我而言就是一个花花世界，弥补了我远离父母的悲哀。

外公、外婆纵容我把整个屋子当成游乐园。卧室里，他们的铁床蚊帐紧靠着我的迷你围栏床。床前有一块围起来的单独区域，是我的私家"宫殿"，摆满了芭比娃娃和积木。床对面是电视机和小沙发，小沙发是外婆的手工工作区，缝缝补补给我做衣服，我爱在一边看着缝纫机嗒嗒嗒地给我变出美丽的花裙子。

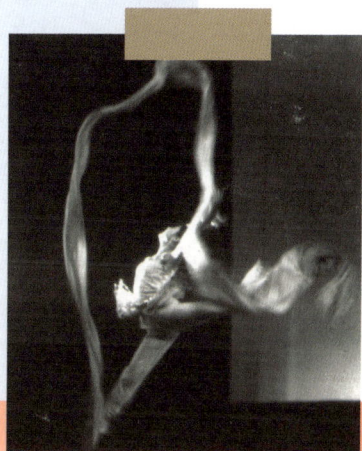

1999年11月

　　我现在还能回忆起，晚饭后外公边喝茶边看中央电视台7点的《新闻联播》，外婆嘎吱嘎吱地踩着缝纫机，我在小小游乐园里玩娃娃。一方卧室，岁月静好，就自成天地了。

　　外婆家的客厅里有一张可变形的餐桌，对年幼的我来说是一个神奇的家具。不管是三个人的早餐或是十几个人的晚宴都可以自由拉伸。餐桌边有一面工作墙，挂满了小时候我学习的工具，彩色折纸、裁纸刀、乘法口诀表、尺子、算盘。幼儿园之前，折纸、读诗、背乘法口诀是我每日的必修课，也是在这张万能餐桌上完成的。

记忆中还有一个很深刻的地方是外婆家长长的院子，里面除了他们退休生活里最爱侍弄的花花草草，还有我最爱的各种小活物，蝌蚪、热带鱼、乌龟、兔子。逢年过节，院子里更是热闹非凡，春节的时候小朋友们玩游戏、放鞭炮；暑假的时候我们躺在凉席上看星星、吃西瓜。

如今我改造的所有民宿空间都会带入一些小情趣，氛围丰满，可以举办派对；放点轻音乐，可以独自玩乐忘却寂寞。我想这就是外公、外婆的家教会我的生活的智慧。如果我设计的这些民宿，可以博客人一笑，让他们想起他们的家，或者接近他们心目中理想的家的样子，我就欣慰了。

再长大些，人生神奇地迎来了各种各样的家。父母离开了兰州军区歌舞团，回到家乡江南，不说颠沛流离，却也漂过了宁波、杭州、上海。我还住过严厉却美丽的班主任家、年迈又可爱的化学老师家、中医专家大妈妈家，还有潮爆炸的小资全职太太姑姑家……人生在那个时期的时间观念被强效压缩，几年内爽爽地体验了各种不同的旅居人生，成为差距巨大的家庭里的过客，给他们留下了我童年的欢乐，也带走了每个家庭的笑声。

这或许是我年纪轻轻，却已经对生活有了广泛认识的原因。对环境和人类很敏感，以至我喜欢用非常细节的方式观察和适应生活。此刻，我住在离大家并不遥远的普吉岛，这是我现在的新家。我们正在运作全新的海岛民宿项目，并深入当地生活。现在的我对生活无所畏惧，走到哪里，哪里便是家。

勇敢地出走、改变，

也许能更好地回来

② ④

2014 年夏至 2016 年夏，两年时间，我完成了近 50 套上海的老法租界老洋房民宿改造，设计、改造由我一人完成，并无团队。很多人问我，为什么偏偏在上海有这么多作品？

或许因为我的故事是在上海开始的，一个小小的我，走出去探寻未知的大世界。

上海是我独自一人闯荡的第一个城市，没有父母，没有保驾护航的叔叔、阿姨，所有事情都必须自己搞定。2008 年，还没有高铁，路途遥远，我第一次来到国际大都市上学。我从地铁的人潮中费劲钻出来去上海影城看电影，看着黄浦江上的货轮反射外滩和陆家嘴迷幻的灯光，看着外星巨人上海中心大楼一点点升起。音乐和艺术，闪烁的商场和来自全世界的美食，这里光怪陆离的一切都在刺激着荷尔蒙迸发。今天在酒店入住，明天在亲戚家对付，后天睡在老师的家中。可能就是这个原因，让我的叛逆期来势汹汹。

高三时，由于不愿接受父母为我铺垫的法律、金融等路，就和他们协商，想要从理科生转为艺术生。父母觉得我疯了，离高考也就个把月了，还要换系！之前连画笔都没提起过，这不是"找虐"吗？

几何素描肯定是艺术生的入门绘画了，不必商量，父母是不会同意的。对于年轻人来说，最初的权利总是斗争来的。从热战打到冷战，打不过直接离家出走……

就这样，我在美术联考前夕从一个理科生转为艺术生。我一直有好的学习方法，美术上也是如此。虽只有 40 余日的集训，但联考我是画室第一，顺利进入了复旦大学视觉系。

我突然明白，世界才向我拉开帷幕，勇敢追求自我的人生转折点

来了，大上海给了我自由和欲望，于是晚到的叛逆期在大学毕业那年爆发了。

我和比我大十一岁的男朋友在一起了，他是一个指挥家和作曲家。他告诉我，比上海更广阔的世界，在特拉维夫背着小提琴躲过爆炸的公共汽车上，在充满谱曲灵感的巴黎古老咖啡馆中，还在指挥奥地利交响乐团的维也纳金色大厅里。笼罩在艺术光芒下的他，是我心中最有魅力的男人。

可想而知，这样的男人在父母眼中是危险和不及格的，母亲知道以后，强力阻挠我俩。可我想证明自己已经是可以离巢飞翔的鸟，知道自己想要的蓝天在哪里。就在离去纽约留学的航班起飞不到48个小时的时候，我离家出走了，找到男朋友，我们两人踏上了近半年的流浪旅程。

从东到西，从北到南，西南、青藏、蒙甘交界、渤海，远到海天最南的岛……一路漫无目的，古人说"读万卷书，行万里路"，诚不欺我。不管行走的目的是什么，我的知识量和世界观在那个时候迅速地饱满起来。

在承德避暑山庄，我明白了古人的智慧。在清朝皇帝夏天避暑的地方，我惊喜地发现皇家藏书阁是仿照家乡宁波的天一阁所建。太后的宫殿下是中空的地暖层，抵抗北方冬季的寒冷毫无压力。整个山庄东南多水，西北多山，俨然是中国自然地貌的缩影。与故宫相比，建筑朴素，充满自然野趣，造景与天然景观融为一体。这座伟大的古典园林让我明白——最舒服地享受空间正是顺应自然。

记得夜幕降临时，我俩开车驶往清东陵，中国现存最大的帝王陵墓建筑群。当地还生活着世代代传承的守陵人，我俩聊着《盗墓笔记》里的故事，拿着手电筒在漆黑的夜幕中走入清东陵。人生中我第一次看到了银河，脚下是看不清的巨大陵墓，帝王长眠于此，伸手不见五指，却能想象和感知建筑的宏大与辽阔；头顶是无限开阔的夜空，斗转星移，无法知道天有多高、多大。那一刻沉醉在爱情中的我突然醒来，银河让我感受到人类的渺小与时空的无限，让我意识到时间。

在浩瀚宇宙和漫长的时间长河中，爱情、人类都是一瞬间。那一晚的回忆影响了我很多次的民宿设计。

还有桂林山水之首——阳朔。我躺在竹排上，竹排漂在漓江中，岁月静好得可以梦入桃花源记。竹排靠岸，穿过西街，我来到漓江边桥洞下石头小平台。当地人告诉我，不开心的时候可以和大树说话，大树会祝福我们。我坐在一棵粗壮的香樟树下，开始诉说少年的烦恼。

当我说完对家的想念和要坚持理想的时候，我听到树上的种子爆开的声音，一颗种子掉到我的脑袋上，像是一个老朋友拍拍我的脑袋。仔细一看，这棵三个我都围抱不了的香樟树，枝叶繁茂，遮挡了整个桥东上空，像是一个安全的避难所。我第一次明白植物对于人的治愈作用。

现在，在我设计的民宿里，总能不经意间见到绿意盎然的角落，这就是为什么人们常说我们的房子总有种治愈的能力，因为绿植和我们一样可以照顾好客人。

看尽了山水，我发现一些事就是有着不变的规律。水总是顺势而流，叶会随风飘散，蜘蛛总是张网等待，而云总是变幻莫测。半年后回了家，我的毕业设计曾多次获奖并在米兰等地展出，因此我申请了纽约州立大学的研究生，赴美留学。

当然，我依然翘了很多课。每天除了看展、看演出、做设计，其他的时间就是旅游。

听说，我在学校也算是个传奇——只闻其名，不见其人。美名传到教导主任处，她威胁我，要么回来上课，要么把你的签证撤销，遣送回国！

为了应对此次危机，我自作主张报考米兰工业设计学院，修学室内、家具双学位。然后拿着通知书很拽地和教导主任说："喏，以后我不来了！"

从纽约到了世界艺术之都——米兰，达·芬奇、米开朗琪罗、拉斐尔、毕加索等大师，都曾在这里进行创作。米兰也是世界时尚与设计之都，各大时装周永不间断地设计展览。似乎，那里是个集聚美与灵感的圣地。

但其实，我对那里并没有留下太多好的印象，论文化艺术的氛围，远逊于邻近城市，比罗马、佛罗伦萨等地差远了。一个月后，我和老师交流，谈学业、聊设计，可我看着老师帅气的脸庞，望了又望，在他眼里倒映出的只有意面和咖啡，再无他物。

没办任何退学手续，我就这样辍学回家了。估计这一回，我已经被学校拉黑了吧。

世界那么大，学校也不是唯一探寻知识的场所，当然唯有不断探寻知识，才能获取真正的自由。

而大自然的力量也让我明白，有时候不需要去固执地坚持，就像自然因为不断变化才能形成最好的结果，而人们的初心就是找到这股改变的力量。

发现艺术的奇妙，

将艺术在生活中创造出来

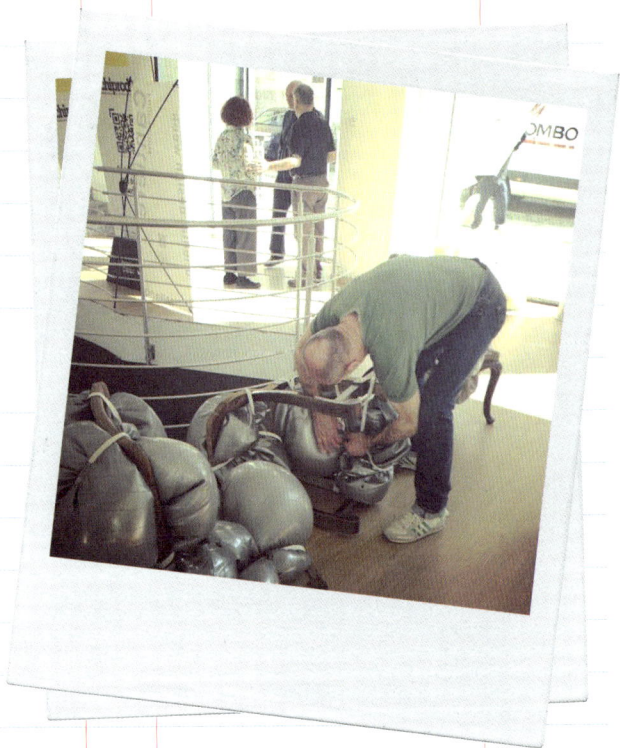

CHAP-
TER

3 / 4

作为一个自由职业者、一个设计师，我从清晨醒来到夜晚睡前，无时无刻不在工作，因为需要极其入微地观察世界的一举一动。我的工作就是给人们创造一个又一个家，真实而美好的家，并非虚构。

人生，大多数的故事都是在办公室以外的时间里发生的，如果反之，太可怕。我喜欢一个人去观察世界，每天去不同的咖啡店、不同的饭馆、没走过的路线，美术馆、电影院、微信、微博、公园、商场、酒店……每一个地方都会遇见有趣的陌生人，我的大脑会闪现一百个问题。我观察他们说话的方式和脸上的光影，特殊的爱好和打扮，思考可以从他身上学到什么，他快乐吗？他会需要什么样的生活和家？每一个新场所都能使我兴奋，仿佛可以嗅出这样的空间搭配出自一个什么样的人之手。每一天的遇见都变成了我的知识，我要做的就是把它们分解成小元素，然后为了某一种用户重新组合，使其产生新的立意。

创作的过程就是这样，每天四处游荡，捕猎不同的生活，然后等待灵光乍现的那一刻。这样的创作方式让我上瘾，可是最初让人上瘾的不是创造本身，而是感受艺术。

艺术是我至今认为最能让我脑颅膨胀的绝妙的体验。实际上艺术打动人的并不是它的美，而是它的诚恳和真实，以及由此带来的触动人心的善良。

大学本科的时候，我充分接触了当代艺术。专业课第一天，老师为我们播放了顾德新的纪录片。第一次看到当代艺术作品，便是赤裸裸地直逼人心。1995 年威尼斯双年展上，富丽堂皇的宫殿展馆中，用 100 公斤血淋淋的生牛肉盛满三个特殊制作的有机玻璃棺材。

生牛肉迅速腐烂，玻璃棺材内壁上逐渐形成雾气，变质的牛肉若隐若现。在另一件作品中，他将大片的新鲜苹果、香蕉、草莓整齐地铺在展馆地上，随着时间的流逝，水果逐渐腐烂，原本芳香四溢逐渐恶臭难忍，以致不得不退展。刚上大一的我，和你们一样怀疑看完是不是要做噩梦。

看完纪录片后的一个月，我每天都吃牛肉、苹果、香蕉这三种人们很爱吃的食物，不停反思顾德新想告诉我们的事情。他的作品往往在开幕第一天宏大辉煌，空间壮观，又直接呈现出伟大的事物转瞬即

逝，时间带来了腐败和被厌恶的联想，作品呈现的这种对立引人深思。他无比勇敢地颠覆传统，介入禁忌，不惜一切地让真相在艺术上显现。

　　然而他却告诉我们一切都是自然的，展览开始时人们的喜悦，以及变为丑恶后退展都是自然的。顾德新的艺术材料

皆为日常中信手拈来的物品，他让我们看到了这些常见物品在时间里的不确定性，以及失去了绝对的真实。其实生活何尝不是如此，有的人喜欢、有的人厌恶，也不是非黑即白。这些都仿佛赐予我另一双眼睛，生活中的美好、道德、雄伟、无耻、肮脏、纯净……我开始以完全不同的眼光看待那些人们习以为常的标准概念。

艺术让我感受到活着是如此真实，从那个时候开始我立志要做艺术，成为艺术家。

大学的日子一晃 5 年，我没有去公司正式上过一天班，但我把所有上海、纽约、米兰的美术馆翻了个底朝天。那个时候的感觉是我可以落下一顿午饭，但我不能错过任何一场艺术盛宴。艺术解释了这个世界的真理，如果我也能创造艺术，那该有多幸福。那几年我做了很多作品，不同文化的冲击反而使我更加热爱东方文化，我的很多作品都有东方元素。我学会了如何把生活中发生的故事变成知识，然后重新组合成具有全新意义的作品。

本科毕业一段时间，我收集到一些老上海的破损被遗弃的家具，惊奇地发现它们保留了珍贵的 Art Deco 元素，这是过去上海人家家都用的家具样式。我把它们拖回房间，买了一些打包带和辅助工具，日复一日，我想用理解的方式来"修复"这些老家具。与此同时，我偶然接触到杨氏太极拳，于是开始每天清晨跟着老师傅练太极拳，了解人体的气脉运行原理。这是另一种全新的视角，让我感受到"人"这个生物体像一个精密的系统一样运作。我感受到气脉走到十指尖，我们这个会呼吸的身体，让我想起了那棵和我对话的守护树，明白

了自然万物生命的平等，还有不可抗拒的规律，这就是道法自然。我开始尝试将太极的理论运用到老家具作品中：我的呼吸——树的呼吸——椅子的呼吸。两个月后我终于实现了满意的作品——气聚椅。

如果你坐上这把椅子，你会发现椅子上的每一个球体独立却各自相连，就如同打通全身的气脉一般，每一个球体共同变化形成最贴合人体的造型，人体也接受了最小的压力，感受如同飘浮在云端。而且这些可以流动的"气"球用这样的方式让老家具得到了重生。后来"气聚椅"参加了米兰设计周和上海国际艺术节等国际展览。

那几年是我最潇洒的时光。我一个人去了墨西哥，交了美国男朋友，烫了爆炸头，迷恋电子迷幻乐，爱上文身。艺术让我追求一个单纯而自由的世界，我想要活得特别。

当理想落地时，
便落在了民宿

CHAP-
TER

④ ④

我的第一次创业，失败了

前一秒刚得知我去米兰念书，后一秒就辍学回家，2013 年从米兰回国后，父母摊摊手表示无可奈何。

木已成舟，实难挽回，眼下只能向前看，老爸就邀请我和他一起做舞美。舞台对我来说充满小时候的温暖记忆，这可是个幸福的选择。如果在现实世界里因为有太多的限制不能真正地实现理想，那么在舞台上做什么都可以。我可以在中国做当代艺术的舞台，抱着这个理想我毫不犹豫地答应了。

现在想来那时候做舞美是一份相当顺应潮流的工作，技术上我们运用全息投影、室内大型水装置、智能激光、初期的 AR 技术等最前沿的舞台技术。作为大型多媒体旅游展，我们打造的大多属于与开发商和政府合作的新开发的旅游地产项目，结合原汁原味的属地文化和自然。

投资者的目标非常明确，弘扬文化、发展旅游产业、拉动当地经济、实现盈利。为了实现这些目标，舞台艺术方面受到很大的制约，我们需要尽可能去迎合市场，吸引大量观众。工作中，设计师的短板很明显，所做的设计甲方觉得太新奇，接受不了。而甲方要求的，我又觉得太落伍。协商，协商，最后只得妥协。即使我们的戏座无虚席，我也郁郁不得志。由于不能把追逐了 5 年的学院派的当代艺术的理念融入商业运作项目中，一年后我离开了父亲的团队。我想要证明自己。

独立的第一步是要想办法赚钱养活自己。2014 年夏天，我和同专业学姐一拍即合，转战服装，在上海成立自己的独立设计师品牌。

我们可以创造一些传递艺术信息的样品让人们来体验，服装就是很好的媒介。我们有了设计概念后，便去搜寻一些特殊的面料。由于是非常规、小批量面料，我们需要提前半年将所需面料全部买下，全部制作成衣。我们冲劲十足地成立工作室，建立自己的样衣车间。

现在回想起来也是好笑，两个连工作经验都没有的设计师头脑一热化身老板，简直是灾难。我们觉得市场空缺，可以乘虚而入，大获成功。而实际上，这个市场面非常狭小，没多少人愿意选择我们纯属自嗨的产物，大多数衣服只能自产自穿。

另外，我们为了平衡高昂的成本，把服装的总体价位提高，结果不但没人买账，反而货物积压严重。大量压货带来持续亏损，连位于核心地段的工作室的租金都很难支付。没办法，仓促之下降价甩卖，可结算的时候发现卖一件，我们就亏一件。林林总总太多问题，这样下去，创业资本烧完了还赚不到一毛钱，不如早点宣告破产。

啊，第一次创业失败了。

为了尽可能收回成本，所有衣服廉价甚至免费给各大买手店（就是为了不付仓储费）。

而工作室就更尴尬了，租金每月 11000 元，毁约要多付两个月的房租。这就像一道"电车难题"让人无从选择。

第一间民宿就冲上
Airbnb 上海第一

偶然的巧合，我发现之前在国外游历过程中住过的 Airbnb 民宿已经在上海小规模出现。搜索全国主要城市后，发现全国只有上海有Airbnb市场，其中老上海法租界洋房异常火爆。更有趣的是房源大多由定居上海的外国人专业化运作，一共10多个房东，每人拥有10套以上的老房子，入住率很高。当时我做了测算：7000元租金，2万元软装改造费，定价800元，入住率85%，阿姨打扫加布草洗涤100元，收益率达40%。如果批量化运作，一年内回本不在话下。

上海有存量巨大的老洋房房源，加上中国独一无二的世界级旅游和商务市场，收100套房源来做Airbnb民宿都不成问题。

我们的目的很单纯，为了有收入让服装品牌活下去，我们迅速把时装工作室改造成了Airbnb，直到合同终止，能回一点本是一点。

我们保留了服装工作室的样子，将服装工作室里的一些常用道具留作装饰，还有以前搜集的国外博物馆的艺术小品，东台路上的老上海古董家具。结果，莫名其妙地火了，两周之内我们这套房源就名列Airbnb第一。两周后《旅游情报》杂志找到了我们。这就是我们的第一间Airbnb网红民宿，始终高居榜首。

Airbnb最早进入中国的步伐非常坎坷，负责开拓整个中国市场的"团队"仅有一人，国人想要预订还需要登录英文网站。但这毫不影响短租业的汹涌爆发，我们的工作室刚放上网站瞬间就被预订，之后可谓爆满，排期数月。那个时候就有国际一线媒体找我们采访，《旅游情报》《好奇心日报》、ELLE DECO，甚至《福布斯》中文版都来采访我们。

看来，上帝关上一扇门的同时也会为我们打开一扇窗。

打造民宿的过程
竟给我带来了前所未有的满足感

随着 Airbnb 这个共享经济鼻祖在国内新兴蹿红，我们得到持续不断地在各大媒体上曝光的机会。因为看好该行业的前景，我们到处找房源做民宿，改造技法也越发熟练，半年内改造了数十套老上海洋房民宿，个个都是网红房。甚至有一次我们仅用了一天的时间就折腾出了一套绿色主题的老上海风格民宿。墨绿复古的窗帘、翠绿春意的地毯、身穿绿色华服的唐代宫女泥塑，还有绿色的桌布……所有物件皆来自宜家和东台路，这样居然都火爆得没道理。

与舞美设计和服装设计相比，打造民宿的过程竟给我带来了前所未有的满足感。这是第一次，我的作品得到了体验者真实的、正面的回馈。那个时候我都是自己做客服，亲自解答所有问题，我会去火车站、机场接客人，帮客人提行李，为客人布置生日贴花。有一次送别一个和我一样做设计的妹子，她说，住在我们的屋子里，装扮得那么用心，还有艺术的体验，感觉来到了梦想中的家，内心得到了治愈。有的时候客人还会把自己创作的摄影作品留在房子里，作为感谢我们的礼物。

渐渐地，我不再执迷于只有我一个人的艺术世界。我开始感受到艺术对我而言是一个广义的艺术。想起我的"气聚椅"，上了知名艺术杂志、参加世界级的艺术展览，好评如潮，却没有好的办法让普通人享受它。除了艺术的业内人士，直到今天我给母亲看这个椅子的时候，她依然不能理解这是一个什么东西。

换一种思维，打造一个与众不同的家，然后，尽可能给客人留下最好的印象，这就是一种艺术；打破常规坚持自己的理想也是艺术；把我热爱的自然和艺术的方法实现在家的空间里更是艺术；年轻人体验符合自己特殊个性的民宿也是艺术。画是艺术，杯子是艺术，浴缸是艺术，我们的家就是独享的美术馆。

当时我们天真地认定只要房子设计完，请个保洁阿姨打扫就行，接个单子能费多少时间？这样我可以继续搞服装，学姐也有钱烧在装置艺术上了！

美好的故事大多很短暂

我经常会根据自己的经历来思考我们这一代人。独生子女，我们是 20 世纪 90 年代成长起来的，我们的父母幼年经历"文革"，然后改革开放了，发展了一段时间，突然互联网核变了，现在世界变化的频率越来越快。

流浪和稳定，自由和安居，已经不是绝对的矛盾，只要和相爱的人在一起，走到哪里都是家。并且很多朋友都和我一样，人生理想里有一条就是周游世界，最好一辈子都在探索世界。

那我就在想，有没有一种办法可以让人们实现这种特别爽的生活方式？乌托邦的自嗨是需要技术支持的。

于是我对这个现象越来越好奇，直到和男朋友分手了，我隐隐感觉到，这是时代的变革。Airbnb的广告语是"belong anywhere"。这些新潮又神奇的客人，借助Airbnb实现了走到哪里都是家的生活，因此他们可以住遍全世界，边行走边工作，边安了临时的家。最要命的是，他们很少住错，一定会住在自己最喜欢的房东的房子里。

我第一次感受到互联网给人的生活带来的改变。它让我们更加自由，想去哪儿都能轻易实现，并且更高效，直接对接到最符合的房子，直接和房东本人对接。大大区别于旅行社或者旅游产品大平台——让他们帮你订房，看他们列出来的排名，住完各种后悔。就像我们看到微信上火爆的过云山居和花迹，我们爱上了就直接去了。这样的去中心化，使我们梦想中的生活变得触手可及。

可现实并非如此简单，当我们有5套房源的时候，运营的压力开始繁重得让我们喘不过气，根本无暇顾及其他。于是由一到多，从兼职到全职，我们慢慢扩充团队，摸索着民宿的商业之路。

学姐依然无比坚定要成为艺术家。随着房量增长，运营压力变大，民宿这件事几乎占据了全部时间，我们开始无暇顾及服装和艺术。她下定了决心要回归艺术创作，我也再一次面临抉择。然而我发现人生的抉择已经开始变得轻松起来。我已清晰地知道，做民宿，创造一个个大家的、独享的、私人美术馆一样的家，这就是我最想要做的事。

后来，学姐成了艺术家。而我陆陆续续又改造了几十套房子，并创立了一个品牌，名为"醒山"。

PART 2

什么样的人
适合做民宿？

醒山的成功离不开每一个民宿主人（或者有人称为房东）的努力。而说到醒山主人文化的创建，不得不感谢一个人，那就是我入住印度安缦巴格酒店时遇到的管家。

普通的酒店分前厅、礼宾、客房、保洁等部门，但安缦不是。进去以后，这个管家帮我拿行李，带我去餐厅，为我上菜、送点心和热茶。如果想骑大象出门，他都会非常热情地帮我联系。看似一个人为我搞定一切，但我知道，其背后还有无数个看不到的人在协助他，这种感觉让我备感尊贵。

因为我是个设计师，入住安缦也会欣赏这里独特的设计风格，汲取着安缦御用建筑师 Edward Tuttle 的灵感，而最让我感慨的就是管家会像介绍景点一样细细介绍安缦的所有细节，包括设计师是谁、灵感来源、建筑风格、材料选用等。

比如，我下榻的安缦巴格酒店位于印度北部的阿尔瓦尔。从远古时代起，这里就是印北王室的聚集之地，并于 17 世纪被国王沙·贾汗纳入其领地，而酒店所处位置正是国王在位时期的狩猎地。与其他旅游胜地相比，阿尔瓦尔安静许多，是那些想要逃离繁闹都市游客的理想度假地。

在酒店，看得到的地方都是由整个石块雕刻而成的。工作人员先从拉贾斯坦邦生产上等石材的市场挑选大量的整块石料，经过设计，在石场内打磨，之后便送往酒店的各个空间，现场雕琢。在酒店公共空间看到的屋顶、廊柱、长椅，以及客房内的浴缸、洗手池等，都是由技艺精湛的石匠精心手工雕琢而成，说它奢华一点也不为过。酒店共有 40 间别墅和套房，每间房都有一个由绿色大理石雕刻而成的浴缸。

最初安缦巴格的设计师在为酒店选址时找了很久，终于找到这块有着许多珍稀植物的宝地。酒店按照植物的分布来建，并未伤害到任何植物。酒店拥有一个私人有机花园，餐厅的果蔬和烹饪所用的草本香料均来自此处，均为时令有机蔬菜，新鲜、美味又健康。

聊到后面，管家还会轻声诉说他与安缦的故事，就像是多年未见的老友，有着说不完的话题。

至今，我都还记得他干净的包头巾和笔挺的西装，喷了淡淡的植物香水，举手投足尽是温文尔雅。正是此行让我瞬间知晓，一个好的酒店、民宿不是取决于内部豪华的装修，而是取决于那里的"主人"的人格魅力。

"主人文化"
的来源

回国之后，我开始细细思量，国际标准酒店着重于标准化、流程化服务。而小型精品酒店可以进一步去思考如何更好地构建人与酒店的关系，以及酒店可以给人们带来何种文化。

依托"主人文化"，于是我们搭建了这样一个舞台，邀请热爱小而美的空间的人们一同来尽情演绎，这远不仅是住的需求，更是深层次的居住体验和城市融入。对于大酒店集团而言，它们的目的是通过强大的运营系统盈利，而对于小型精品酒店，完成了系统和实体的建立，仅仅是拉开了成功的序幕。

其实每个城市的国际联号酒店都无大的区别，而我们所理解的居住方式就显得非常独特而充满期待。我们的客人，他们来自全球各地，来到一个城市，他们需要去体验一些真实的东西，是属于这个城市的一种本味的感觉。他们会觉得像是住进了一个朋友的家里，或是一个自己梦想中的空间，而这些又都是这个城市特有的精彩和记忆。这是酒店与客人之间更加专注的一种交流，我们会很用心地观察什么才是他们真正需要的，进而创造感性的经历。

建立醒山和书房，就像建立了一个很棒的社交城市，它们是丰富的并且有深度的，是舒适自在的遇见，能带来更多的视角，每一部分都可以释放自由的意识形态。而这一切，我们认为只有"主人"模式的团队才能实现。这不是一个服务员在服务客人，服务员会被机器人取代，这就是为什么去住大酒店永远记不住今天是谁接待了我一样。而我们的"主人"，就是可以满足客户深度诉求的服务团队。我们的"主人"本身就是有血有肉、有故事、有个性的一群人。就像所有客人一样，对生活充满好奇，探索未知，发现彼此。

从一个创始人
变成了团队

每一个成功的民宿都像是一个 IP，每一个民宿里都住着一个有故事的人，他最后变成了我们在旅途中认识的新朋友。

一位年轻貌美的姑娘，放弃光鲜的广告业，远离凡尘，爬到比云还高的山顶亲手用夯土造了房子，那是松阳过云山居。一个上海的建筑师，结伴好友骑行到洱海边，爱上这片宁静。一起来的友人意外离世，而他为了实现梦想中的驿站，再也不愿离去，于是就有了大理"無舍"。热爱艺术的意大利人和杭州的跨国挚友，在美丽的家乡茶园里用素雅清净的混凝土建起了一个艺术和设计交流的平台，这就是杭州栖迟。一个藏族帅小伙，10 年里拍摄了家乡云南不为人知的故事，最后离开央视，回到家乡，用传统藏族石砌工艺造出了一个又一个的松赞酒店，如今已是国内首屈一指的民宿领袖。

总有一款是你的菜。

听完 100 个故事，可我依然记得那个最早听过的故事，早在我们所说的"民宿"这种行业还没有出现的时候。1988 年，一个印度尼西亚的企业家，年过半百，只身一人来到泰国普吉岛的一个山坡上，荒无人烟，椰树茂密。当他第一眼看到这片深蓝而宁静的安达曼海时，他就知道这是自己人生最后栖居的地方。于是，世界上第一家安缦酒店诞生了。如今安缦已是闻名于世的奢华独家酒店品牌，受各界名流和亿万富翁所追捧。所有的故事都告诉我们，这些无可挑剔的美都出自一个敢于做梦的创始人，民宿诞生的故事就从最初他们内心深处感动的那一刻开始了。

我和民宿的故事是从走进老上海法租界的弄堂的那一刻开始的。

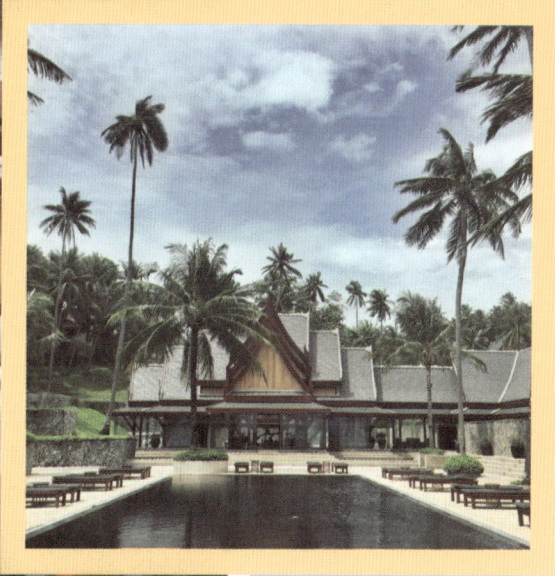

很多人都问过我为什么选择老洋房，我想我从来没有进行过选择，在大上海，我最爱的除了艺术展，就是这片历史老洋房街区。这里是老法租界，20世纪20年代时就是上海最耀眼的明珠，至今抹不去百年前留下的细碎风情。

如今它藏匿在上海繁华的淮海路、新天地、静安寺商圈之间，意想不到的闹中取静。枝丫繁茂的大梧桐树下，全世界不同肤色和语言的人们在这里生活，他们经营着咖啡厅、设计小铺、甜点屋、酒吧和异域的美味小餐馆。

这里就是上海多元文化和自由撞击的缩影。法租界的洋房区可以让来到这里的所有人着迷而不舍得离去。五湖四海的年轻人选择定居在这里。这一切都让我有种被保护的安全感和无限探索欲的小兴奋。确认无误，这就是我最应该向所有来到上海的人们展示的居所之地。因此法租界正是我们所有上海民宿的所在地。在这个充满生活气息的街区，我感受到丢失了很久的宁静和回家的感觉。你可以在下一章节中看到我如何从老洋房的文化里汲取灵感去创作设计。

美丽的老洋房
我需要一个名字

记得有一天我在自己的民宿里醒来，听到了很多种记忆里久违的声音：木制的屋檐下风铃在响，小窗外老奶奶在灶台旁忙着烧菜，老爷爷骑着自行车哼哼小曲，看不清全貌的高楼里郁郁葱葱的大树沙沙作响。我突然觉得已经离开了大城市，这诚然是一个宁静的小山村，高低不一的楼房都变成了"山"，完全不会被一墙之隔的繁华和热闹所打扰。窝在自己的小天地里享受这一刻的自由和放松，很像一首古诗描述的"晓屏一枕酒醒山，却疑身是梦云间"。于是我的民宿就有了名字——醒山。

如果故事里都只有一个人，那就不会变成一家民宿了

　　和学姐分开后，我迅速改造了两套房源放在 Airbnb 上，请了一个兼职阿姨打扫卫生和洗布草，线上客服和接待客人都由我完成。当第三个房间改造完成并迎来客人的时候，我面临着繁重的线下接待和线上咨询，还有接二连三的水电问题和客房维修投诉的压力。我发现所有时间都无法进行再分割，三头六臂也无法解决，然而我需要更多的房源来支撑起民宿运营。于是我向在宁波的堂哥 Rick 发起求助。

　　Rick 在宁波经营一家火爆的小酒店——书房酒店。Rick 告诉我，民宿不亚于任何一家酒店，酒店里的运营细分为前厅、礼宾、客房、保洁、安保、物业维护等部门。而民宿就是大酒店的缩影，任何大酒店该有的运营环节一个都不能少。我需要专业的团队化运作，没有团队就无法成长。

两天后，书房酒店的餐厅经理 Michael 来到上海成为醒山民宿的第一位大管家。Michael 大学学的专业就是酒店管理，我们重新招聘了运营管家和更高标准的保洁阿姨。Michael 手把手教阿姨如何铺床、深度保洁、摆放物品，我来培训管家如何像对待家人一样接待客人。我们还从装修师傅里找到了住在附近、随叫随到的日常维修师傅。就这样，我有了充裕的时间去打造更多房源。

接着我们二人找到了当时国际金钥匙组织上海首席代表 Jason 老师，请教专业酒店运营知识，制定出符合醒山条件的 SOP（标准化运营系统）。其中包含了卫生、物业、客服等环节的标准描述和应急措施，并且实施记分激励制度。在 Jason 的引导下，我们这个小小的团队经常出没于半岛酒店、丽思卡尔顿酒店等高端酒店，深入各个部门学习，同时我们有空就会去考察上海及周边所有定价在 1500 元以上的小酒店和老外开的高价 Airbnb 民宿，学习设计及管理特色。就这样，我们迅速发展成拥有 20 套房源的民宿小品牌。在第五章和第六章里，我会以详细的案例来介绍国际联号大酒店运营和民宿品牌的特色化运营及营销。

然而存在一个顽固的问题，就是客户评价，并且客户评价直接影响着预订率。我们百思不得其解，为什么各方面运营都更加完善后，客户的评价却远远不如最早我一个人管理的时候。也就是在 2015 年这一年，找在线上报道中越来越频繁地看到和我一样的人创立了火爆的民宿。我开始思考这个现象的原因，强烈感觉到一些东西在猛烈变化着。

我发现民宿的客人都有一些共性，他们年轻、有个性、四处旅行、具有猎奇心，他们是朋友圈里的意见领袖，远走他乡却从不惧怕孤独。他们来到醒山民宿的目的是旅行、商务、求学、与朋友聚会、帮家人订房，甚至出现了许多上海本地人来这里亲自下厨，只是想要度过一个不一样的周末。有不少客人来了又来，他们告诉我，这里就像是家一样，让人想住上很久。我们成为朋友，对他们来说，来醒山就像是住在了一个老朋友家里，而不是陌生的城市。

我突然明白了这就是客人真正需要的，大酒店无法带给他们感性的经历。我们的问题正是出在了这里。一个机器人就可以取代的客服人员是无法做到感情上交流的，客人需要一个真实的"我"，一个真实的"主人"可以释放出和客人对等的自由意识形态，给人们带去更多的城市视角。因此醒山应该带给大家更多像我一样的"主人"。如今我们团队里有各具特色的"主人"。

这就是让各具特色的民宿拥有众多粉丝的"主人文化"。

住一间有趣的民宿，

认识一位有意思的主人

松阳过云山居：
我们的梦想家园

　　我是在一个突然转暖的初春午后，第一次闯入西坑村的。一行三个女孩循着导航仪来寻这个名声在外的"过云山居"，到达导航仪提示的目的地后，我们很犹疑地泊好了车，在春日怒放的阳光下折身往村子深处行去。

　　"不会找错地方了吧？"这个问题，我问了不下三次。因为这个村落古朴得近于破败，还有几间房正在整修，也几乎没有看到什么村民，倒是有三两只土狗绕着我们追逐嬉戏。往上走了一小段斜坡路，穿过农居间的小巷，踩上"过云山居"门前石板路的时候，背上已经微微冒汗。

　　"哎，到了。"我们折过一个转角，跨入那扇小木门，清冽的山风扑面而来，紧紧地围住我们，让人不可抗拒地去回应它。

　　再往前走两步，开阔的视野一下子就把我醉倒了，不远处的群山呈"V"字形，"V"字中间便是松阳县城了。《桃花源记》中的"复行数十步，豁然开朗"，便是写的这种景象吧。

　　只是很不巧，那天过云山居从上海请来的厨师因为水土不服病倒了，管家匆忙给我们办好入住手续后就送厨师下山就医去了，留给我们一个青涩的看家小男生。小男生显然不是管家级别的，仅仅只是看个家而已。

　　那日午后的过云山居，显得有点冷静而落寞，虽然那天依然是客

满的，前来参观的客人还是一拨儿接着一拨儿。

创始人廖敏智说，过云山居是横空出世的。

学美工的敏智、媒体人瓶子、经理人超骏，三个儿时就相识的伙伴成了丽水过云山居的"三剑客"。持续了三四个月的选址，挑来挑去，直到看到丽水松阳西坑村触手可及的云海、满目郁郁葱葱的峡谷，就是这里了！

美少女敏智说，没做民宿之前，只是想找个景美的地方建造一座属于自己的房子。过云山居圆了敏智的梦，也满足了不少来丽水寻一方诗意的游客的愿望。

过云山居总共有8个房间，其中3个配有浴缸，虽紧挨着通透的落地窗，却也有绝对的私密性。泡一池山间水，白天看云海，晚上数星星，很是优哉。早上，能吃到只有当地才有的热乎乎的炒黄米粿，店里的阿姨都是本地人，会热情地跟你唠唠家常，说说村里的热闹事。

"第一天营业的时候，还不知道应该标多少钱呢！"敏智笑笑说，从开业到现在经历的酸甜苦辣都记在心里。来松阳泡茶，来过云山居找敏智聊聊天，或许你也会爱上这个甜甜嗓音的美少女。

-

地址：丽水市松阳县四都乡西坑村

大理"無舍"：
兄弟情

从大理古城到洱海边的"無舍"，骑车只需要 20 分钟。"無舍"的主人老 K，一个已经在大理生活了 3 年的南京人，每天沿着洱海往返两地，沿途不时有海鸥飞过，老 K 常常会停下来，凝目远望，想想过去的人和事。

老 K 是室内设计师，做过不少博物馆和大型公共项目设计。他也做过一些失败的投资，消耗了大量的时间和精力后，陷入了迷茫，"不知道自己这么忙究竟是为了什么……"5 年前，老 K 和朋友阿耿来大理旅行时，结识了当时在双廊开客栈的杨哥，两个人相见恨晚。

2011 年，老 K 和朋友来大理旅行。那个冬天的大理没有旅客，双廊的客栈里，老板杨哥给他们点起壁炉，大家一起喝酒赏夜，一见如故。老 K 和杨哥一起围炉夜谈、喝茶，"非常的温馨"，他的内心也不再那么焦虑。在杨哥的影响和帮助下，老 K 也动了开一家民宿的念头。

当时双廊已经很热闹了，老 K 就想找个安静的地方，于是和杨哥去海西看了很多次。有个开客栈的北京朋友因为经常到马久邑买牛奶，一直路过"無舍"这个房子，得知房东要出租，就赶紧通知了老 K。

很巧的是，房东的一个"苛刻"条件是租客需要推倒重建，这正好符合他们的想法。不久，一群来自南京、上海、苏州、杭州、广州的设计师朋友也参与了进来。

前前后后 3 年多，"無舍"终于建起，面向宽达 30 公里的洱海。每天早晨，成群的海鸥会乘风飞来这里。

老 K 给房子取名"無舍"，是因为研究《易经》的朋友告诉他，山水之间，你的房子，名中要带"水"。这个名字想来也逗，"無"就是无，很多人来了就说：没房子了，这里怎么住啊？

"無舍"门前被设计成宽阔的下沉式水池，水面直接和洱海连成一片。水面如镜，蓝天白云尽收眼底，站在上面就像在水做的镜面上一样，心里会升起一种奇妙的平静感。

晚上水池映衬着灯光，仿佛一颗巨大的暗色宝石，水边是大理特有的树植，很有情调。建在中间的座位沉在水面下，风云变幻，人仿佛在画中行走。老 K 在餐厅装上了宽大的落地窗，既可以增加采光，又可以坐拥美景。

一楼院子里造了一个水系统，从远处看完全是和洱海连为一片，在阳光下总是可以拍出让人惊艳的照片。老 K 尽量把房间做得简单，原木铺面和素雅的白色墙面十分干净，多余的装饰去掉后，宽大舒适的布艺沙发很好地保证了房间的功能性和舒适度。房间里也是干净到没有任何装饰画，因为窗户已经是很好的画面了。

无论是就寝还是沐浴，都紧靠在浩渺的水边。这里没有大理古城那么喧嚣，最适合喜欢安静的人来住，想一想心事。客栈的石墙真的是六七十厘米厚的石墙，而不是饰面材料。大理冬季昼夜温差大，所以室内都装了地暖。纵使苍山已经白雪茫茫，你还是可以光脚走在酒店的木地板上。

从"無舍"的选址到建成，少不了杨哥的帮忙，前期工程大多是好兄弟杨哥跑出来的。在杨哥身上，老 K 找回了久违的生活状态，仿佛也看到了另一个自己，就像是失散多年的兄弟，有种人生得一知己足矣的感觉。

然而世事难料，2013 年 6 月，杨哥罹患癌症，突然去世……这件事如晴天霹雳，让老 K 难以接受："没想到生命真的会这么脆弱！……"

曾得到许多朋友帮助的老 K，现在最大的希望是用更多的时间帮到身边的朋友。现在，他更珍惜眼前的苍山洱海、云卷云舒，以及身边的朋友和狗狗。他守着这座房子，仿佛杨哥从来没有离开过。在"無舍"，书房是老 K 最喜欢的空间，窗前是他亲手种的桂花树。在大理温暖的气候下，一年中至少有三个季度可以闻到花香。老 K 定期和朋友在书房组织读书会。

杨哥的离去促使他开始关注生命和内心，而读书是一个自我探索的过程。

每一扇窗外都是风景。这时候，有把舒服的木椅，抱着一杯咖啡或者清茶，安静地发发呆，很多曾经的美好瞬间就想起来了，毕竟很多事情不是没发生过，只是我们太忙、太着急，忘了而已。老 K 自己也会这样，他会花一整个下午坐在阳台上看海，有海鸥飞过，老 K 就会想到杨哥。

"在这个房子里，有杨哥，有朋友，有自己，有狗狗，有苍山洱海，云雾风声。"

—

地址：云南大理洱海西边马久邑凤西南村 171 号

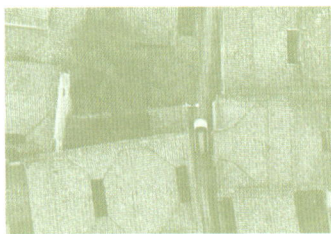

猪栏酒吧：
奥斯卡最佳女主角和
音乐泰斗都曾下榻过的乡村民宿

猪栏酒吧曾获 Trip Advisor 全球最高奖卓越奖，被收录进 *Lonely Planet*，法国《费加罗 FIGARO》、美国《纽约时报》、泰国 *HUG*、英国 *Timeout* 等杂志都对它做过专题报道。奥斯卡最佳女主角朱丽叶·比诺什和诺贝尔文学奖终身评委、著名音乐家久石让等名人都下榻过猪栏酒吧。

2016 年年底，猪栏酒吧与著名建筑师谢英俊、李兴钢、何崴、刘家琨等人的作品同时入围中国建筑大展近三年"中国最具责任感的 19 个建筑"，而在这 19 个项目中，猪栏酒吧是唯一一个不是由专业建筑师打造的项目。在资本市场最冷的 2017 年，还有投资人专门跑到小乡村，结果还是被老板婉拒。

"很多时候，我喜欢长时间地安住。居于乡野时没有时间的概念，你能感受到的是四季的交替，年复一年，日复一日，不断地阴晴圆缺，和月光星辰你来我往，相持对视。所有的寂静辗转成素白，守静笃，致虚极，所有至善的事物，皆得天长地久。"

碧山油厂是诗人郑小光和寒玉开创的猪栏酒吧乡村客栈的第三个店，占地 10 多亩，靠山，临水，面朝开阔的农田，主人花了四年左右的时间才基本修建完毕。出黟县城向北三四公里入碧山，一路风景优美，两个三岔路，永远向右，看见宝塔左手是欧宁、左靖家、碧山书局、理农馆，右手过桥是猪栏二吧，再向山底走是猪栏三吧。一路可沿溪入山，路过宋代古桥、黄泥屋、枧溪飞虹、摩崖石刻，有汉唐风景，魏晋之风，这就是碧山。

第一家猪栏酒吧西递店在未修葺前曾被村民用来养猪，"猪栏酒吧"也由此而得名。第三家猪栏酒吧，未改造前曾经是一个废弃多年的古代油坊，做过民居、人民公社办公区、榨油坊和竹针场。修缮时尽最大可能保留了各个时期的历史印迹和建筑外貌，从远处眺望，被改造后的建筑群体高低错落，自然散落于田间，不惊扰及不破坏周围的环境和视野。

寒玉，本名李国玉，曾在上海学美术。1990 年，寒玉赴黄山地区写生，首次来到黟县，当地的景色令她陶醉。"青山、溪流、农舍，太美了！"尤其是徽派建筑，白墙、黑瓦、马头墙，深深印刻进寒玉的脑海。"当时就想隐居于此，然而并不现实。"真正现实的是毕业、工作，挣到人生第一桶金；结婚、生子，完成人生必修课。一轮下来，已经过去了 10 多年。

尽管在销售、外贸、管理等领域摸爬滚打过，而且干得不赖，但内心深处，寒玉还是有梦的——远离喧嚣的大都市，找一处世外桃源，读书、写作、看电影。此时丈夫郑小光的生意顺风顺水，也想提高生活品质，两人一拍即合。

最初的要求是不能离上海太远，生活得方便又宁静。他们先去看了黄山脚下的屯溪镇，屯溪老街全国闻名，寒玉想开个酒吧，能和朋友聚聚会。实地考察后很失望："太嘈杂、太商业化了，不是生活的地方。"哪儿才是生活的地方呢？兜兜转转好久，寒玉忽然想起离屯溪镇不远的黟县，也就是她当年写生的小村落。

2004 年，寒玉携丈夫郑小光重返黟县。事有凑巧，黟县西递村恰好有老宅急着要出手，寒玉闻讯后连忙赶了过去。原主人是复旦大学退休教授，宅子是祖上所建，三层楼，面积不小。不过传到老教授这一代，子孙飘零，老宅已年久失修。老人无力打理，决定让出。寒玉当时很是犹豫，宅子实在太破，但就在一片废墟中，她居然看到老教授当年的日记本。"'九一八'事变时他还是个小学生，在日记里记载，日本侵占东北后，他难过得跑到村口的牌坊下痛哭。"眼前的老宅子就这样具有了历史感和生命感，寒玉头脑一热：就是它了！

交接那天下起了滂沱大雨，老教授夫妇领着郑小光和寒玉来到祖坟，焚香犒祭祖宗。老教授的夫人把存放于老宅的木床、古书、旧报纸、地契都送给了寒玉。"我感动得哭了，终生难忘啊！"至今寒玉和老教授一家都保持着良好的关系。

因为寒玉心诚，600 平方米的宅子，老教授只收了 15 万元。接下来的装修，让郑小光和寒玉大费心思。"老屋里没网线、没电路、没卫生间，等于要从头来过。"而且寒玉坚持，设施、布局、物件都要经过重新设计。她的理念是：既雅致又朴素，既时尚又乡土，给人以舒适安稳之感，这才叫"保护老宅"。

这也是猪栏酒吧不同于很多民宿的地方，虽然是老屋，但是明亮干净；用了土布、画布，却不是最炫民族风的浮躁。反反复复、精雕细琢，整整干了两年。寒玉算了算，前前后后花掉了 60 多万元。她原本没想着收回成本。"就是自己住，再搞个微型酒吧，朋友来了可以休闲玩乐。"酒吧是建成了，虽然看起来不太像——一楼院子内摆着长桌和长条椅，半露天，屋顶有大吊扇缓缓转动。

寒玉回忆，西递村历史悠久，2000 年被列入世界文化遗产名录，不少民居成为保护建筑。这听上去很美，但其中大多数破败不堪，没法住人，"可又不能拆，村民很是怨念"。待猪栏酒吧出世，村民恍然大悟：其实，老宅子能改造成这样！于是猪栏酒吧的名声越传越开。不仅郑小光和寒玉的家人来了、朋友来了，小清新、文艺青年也来了，参观者络绎不绝。我去的当天，有一位上海女孩冒着大雨来拜访，因为没有预约，已经没有房间，讪讪地吃了阿姨炒的一盘毛豆青菜才走。

郑小光和寒玉腾出 5 间客房，其余都作为公共空间——二楼设有书房和音乐厅，书多为 20 世纪七八十年代出版，CD 从欧洲小教堂圣歌到肖邦、披头士专辑都有；另有小露台，可仰望星空。三楼为敞开式景观台，能俯瞰西递全景。一楼的小酒吧得到了保留，可畅饮，也能作餐厅。我特别中意的是，即使全部满房，也不会觉得吵闹，每户人家都能找到私密的户外空间。尽管是中式的建筑布局和风格，但与意大利、南法的那些民宿、乡村小酒店十分神似，让我有种回到欧洲乡村的错觉。

猪栏酒吧是西递村第一家民宿，而当时，这个理念刚传进中国不久。因而此举再度启迪了村民，西递村的民宿如雨后春笋般涌现。与此同时，郑小光和寒玉以 40 万元的价格，在距西递不远的碧山村购入一座清代老宅。同样用两年，改造成了"猪栏二吧"，花费则翻倍，200 万元。它的客房稍多（9 间），但同样留出了充足的公共空间。

穿过狭窄的巷道和高高的院墙，推门而入，眼前是另一片天地：正厅、客堂、回廊、天井、餐厅、后花园，还有一方池塘，水清树碧，

几尾鲤鱼自在地游动。按照寒玉的诗意化表述，你可以半夜前来，"看池塘里碎了的月光，听桃子投水自尽的声音"。

在猪栏工作的阿姨们，上班的路上采来各种野花野草布置在猪栏的各个空间。公共空间用的多是一些老的、朴素的旧家具物什或者老木头改造的物件。老家具有些是在村里捡来的，有的是旧货市场淘的，甚至有一些是从老的牛圈拆下来做的改造。空间中随意置放着各种生活、生产用具，用旧的竹篮、墨水瓶、饼干筒、保温筒、不能再收听的收音机、插上被风刮下的干枝的烟囱、七八十年代手工木制的儿童三轮车……大大小小都是故事。

分享寒玉写的猪栏日记

碧山｜猪栏酒吧老油厂｜24 小时

在小鸟的诵经声中醒来

阳光穿透明瓦满满照进屋内

早晨的山雾和地主家的自助早餐

村里的羊羊马马鸭鸭们都开始上班了

去田野里骑行

去村里的碧山书局喝喝咖啡，买本书

去后山徒步

夏天可去附近的山谷里野泳

夜幕下吃一次田园晚餐

在大厅看演出，看电影

去猪栏配套的狗窝酒吧喝酒，和村民一起聊聊村里的八卦

80 年代的包子铺，如今的狗窝，乡下人和城里人都会来
这儿喝上一杯

晚上散步去田野里看满天的繁星，天气好的情况下每天
都能看见流星

—

黄山｜猪栏酒吧乡村客栈（老油厂店）

地址：安徽省黄山市黟县碧山村

栖迟：
空间即所爱

喜欢黑白灰色调和水泥质感的人在栖迟估计要晕厥，这是间很酷、很有态度的设计酒店，把高冷工业风玩到了骨子里。房间不多，五云、月轮、法雨、过溪、迟留、寂照，6间房的6个名字让人看得出这间高冷酒店的闷骚。

在我看来，最吸引人的莫过于山雨飘摇之时，从水泥墙上镶嵌的大幅玻璃窗望出去就是一幅流动的江南山水画，值得躺床上看一天。

吕巍是杭州栖迟艺术酒店创始人之一，一位爵士乐痴加半个医生，他在杭州生活了16年，"暖风熏得游人醉，直把杭州作汴州"。

他曾经和我说："几年前，有一次夜里12点多我从栖迟出来，路过断桥，那天下大雪，我就故意从断桥回家。那时居然还有人在断桥上拍照，估计是跟我一样赶这场雪景的。边上有一群野鸭在叫，那种感觉很难忘。就像是天地间一下子变得很空，一个人拥有整个西湖的感觉。"

众所周知，杭州的精华就是西湖，其实西湖是一个大西湖景区的概念，我认为任何时候到这里都有不一样的感觉，春天的话会更加感性一点。传统的玩法就是绕西湖，除此之外，杨梅岭和满觉陇那边有一些山道，游客比较少，也很值得去。

吕巍特别推荐杭州灵隐和佛学院那一带，气场完全不一样，会很震撼。住在栖迟的话，他会特别推荐客人去九溪十八涧，这是一个传

统景点，但是非常漂亮，有茶树、溪水。

吕巍是和John（蔡俊林）、Eva、曙光3个好友一起做的栖迟，他们4个人里有人喜欢读书，有人喜欢玩音乐，有人是做建筑的，通过民宿这样一个空间可以把他们的爱好都实现。在这片杭州狮峰龙井最好的产区，几乎是为了屋后那一整片茶山，他们拿下了这幢小院。彼时国内民宿依然停留在青旅、客栈阶段，杨梅岭村第一家民宿隐居西湖还没有开业，4个年轻人的脑洞却已经越过了MUJI风、暖色调和一切你能想象的温暖感觉，颠覆性地选择了冷峻的黑白灰。

栖迟展示的CD、小册子都是吕巍精选的小众作品。"音像店里不大会有，每一张都很特别。"《塔石001号》是人类学者和音乐记录人魏小石的田野录音，有四川的泥工号子、小调、唢呐。《红水乌龙》是4位音乐人和一位茶道师组成的"茶博士五重奏"在以色列出版的唱片。栖迟赠送客人的伴手礼是一张爵士乐的入门碟，是吕巍从收藏的黑胶唱片中挑选出的 13 位音乐家的 13 首作品，很易听，引导客人开启欣赏爵士乐的第一步。

与栖迟的高冷相匹配的，不仅有小众的爵士音乐，还有前卫的当代艺术。栖迟的公共空间经常会举办小型的音乐会或者观影会，平日里客人们也喜欢在此读书、聊天。从 2013 年开店到现在，栖迟聚集了一些志同道合，或者说兴趣比较相同、价值理念差不多的朋友。

据吕巍介绍，当初在设计栖迟时，他们希望能够在当代的语境下，表达一种隐约的东方元素。比如，房间里用到了很多横木，在每个房间都有不同的展示。对于客人来说，住进不同的房间可能会有不一样的记忆。这些横木的运用也跟"栖迟"这个名字有关——"衡门之下，可以栖迟"。这句话来自《诗经》，意思是一个可以游玩休息的地方。

酒店在设计上从骨子里就蛮东方的，但是它又跟这种传统的中国东方元素有不一样的感觉，它本身是当代的一种现象。既有非常传统的细致，又很现代化、很宜居，在这两者中取得一个平衡，其实不是一件容易的事情。

栖迟酒店 6 间客房中的一间，名为过溪，取自龙井八景之一的过溪亭。以横木的延展态为概念衍生出的客房，横木化身为一根巨梁从室内延伸至室外，跳出空间，穿墙而出，与远山进行对话。

–

地址：西湖区杨梅岭村乾龙路 134 号

电话：0571-85121331

松赞林卡：
香格里拉守望者

我经昆明转机到中甸，已经夜深，白玛多吉的助手王雁已在机场等候了。车子开了 20 多分钟，已经是颠簸的青石路，应该很快就到松赞林卡酒店。王雁指着窗外黑漆漆的山谷说，明早当你推开窗子的时候，会发出一声惊叹！

先让我惊叹的是房间，传统的藏式木门，黄铜箍着，两个硕大的门环就是门铃了，打开一把老式铜锁，满怀期待。

屋子的一角摆着一个铁质的壁炉，餐桌的侧墙上挂着尺幅很大的唐卡，细腻的笔触呈现着一段藏传佛教的故事，据说就是出色的画师也要画上两个月。木柜的图案鲜艳繁复，一看就知道是旧时大户人家的物件，上面摆着那个时代的糌粑盒，描金的彩绘。

推开阳台的木门，香格里拉的夜，凉凉的。天清，月明，偶尔飘过大朵的云就在头顶，亲切得令人想伸手去抓。

一会儿，传来清脆的叩门声，推门进来的是一个背着背篓的藏族女孩，背篓里放着木材，女孩在壁炉那儿熟练地用松木明子搭底，架起柴火，用火柴燃着明子，噼里啪啦，明子上的松油味道立刻飘了出来。透过玻璃的壁炉门，炉火温暖。我的困意突然涌了上来。用硕大的门闩插上大门，去卫生间用铜盆接上满满的热水烫脚，靠在沙发上，有点呆呆的，却无比惬意。

一夜无梦，直到阳光透过厚厚的、暗红色的窗帘淡淡地洒到床上，

抬眼看到床榻上天花板悬着彩色的帷幔，有种奇妙的感觉。后来听白玛多吉讲起，这个想法源于释迦牟尼说的"人人都是佛"。

拉开窗帘，远处，清晨的松赞林寺，金色的屋顶在阳光下熠熠发光，被白色的院墙托着。院墙下，几个喇嘛缓慢地移动，寺院边上的农田，已经有村民背着背篓在劳作，开始新的一天。

走出去，走回来

白玛多吉，松赞林卡酒店的主人。这家藏式的酒店建于松赞林寺北面的山坡，坡下有一个村子，汉语称作小街子，藏语为克纳村，"城堡下面"的意思。白玛说，在吐蕃时期这个山坡上曾经有个城堡。

白玛就出生在克纳村，一个安详的、充满爽朗笑声的、村民豁达的村庄。而松赞林卡酒店的每一栋楼，都是以周边村落的名称来命名的，其中白玛居住和办公的那栋楼就叫克纳。

中学毕业之后白玛去昆明上畜牧学校，回来后做了两年的兽医。那段时间当地文化局要做电视台，白玛又转行学习电视节目制作，到云南电视台实习，还获得了到北京电影学院学习的机会。

1992 年的中央电视台正招贤纳士，有个《龙之乡》的纪录片，希望白玛参与。

白玛觉得很多人对于藏族文化了解很少，主要是通过观看影片《农奴》等简单的渠道，认为这边是雪山雄鹰那种很蛮荒的感觉，其实藏族文化有很多灿烂的东西，特别是精神领域。朦胧中白玛觉得要通过电视手段架起藏、汉之间的桥梁，让外界真正地了解藏族文化，这是最有价值的事情。

从那时起，白玛陆续拍了一些展现藏族文化的纪录片。

1998 年白玛通过朋友帮忙及自己筹钱，自己导演、自己摄像了一个片子——《大山的肖像》，讲述一个特别传统的云南山村，还受邀参加戛纳电视节，很受好评，评委会主席也非常看好这部片子。遗憾的是，因为当时条件有限，连法语字幕机都没有，直接影响了评委的理解，该片只获得了优秀奖，后来法国电视四台还联络白玛要播出这部纪录片。

白玛在央视待了13年，差不多每年都要拍两部家乡迪庆的片子。白玛觉得自己有义务替家乡做宣传。他曾经有进《新闻调查》的机会，但他拒绝了。

身为国家电视台的一员，白玛却一直认为自己是过路人，自己的未来不在电视台，他想做独立制片人。从法国回来后，白玛发现做独立制片人很难生存，便开始自问："自己的价值在哪里？"

一直在北京租房子的白玛，在1998年通过按揭买了一套房子，当时他想买些拉萨的彩绘家具，无意中在潘家园发现了一个店。

店里家具的品相都很好，店主说有个仓库在垡头。当白玛去仓库看的时候，惊呆了，那个超过1000多平方米的仓库里，满满都是藏式的家具，柜子、箱子、门板、玄关。白玛看傻了，一直问这是怎么运来的，原来这些人在拉萨整天拉着板车收旧物，先运到青海，经过翻新后，运到北京。当时法国人、美国人都热衷于此，让白玛欣喜的是，价格不贵，品相最好的大箱子也不过4000多元，一个彩绘的门板800多元，老柜子1500元左右。

那时的白玛没什么钱，庆幸的是卖家同意白玛交订金就可以买，白玛就让他们拿纸条写上自己的名字，贴到中意的家具上，没想到一下子贴出60多件，远远超出了他当时的支付能力。卖家见白玛这么诚心，同意一年内付清货款就成，白玛最后一口气订了40多件。

"当时是有些钱就买，"白玛说，"这里面有很多文化，以后或许只有在欧美这样的地方才有展出。"

从绿谷到松赞林卡

因为资金紧张，白玛想过卖一些东西周转，但他最终都保留了下来，一件也没有卖。可是买了也是个问题，因为没有地方存放。

白玛想起在巴黎有很多精致的小酒店，当时参加电影节就住在离凯旋门很近的一家。联想到自己从小在克纳村长大的房基，他便动了开酒店的心思。那时候家里有两院房子，父母一院，妹妹和妹夫一院，占地 1000 多平方米。

藏族的男孩子或多或少都有建筑的经历，因为房子都是自己家里建起来的，盖房子的结构基本人人都懂。加上在北京的一些装修经验，白玛找到当地最好的一个木工，开始自己设计兼施工。

2000 年春节，白玛拆掉了自家第一院房子，第一家酒店就此破土动工，他靠 6 万元的现金开始构筑自己的梦想。白玛的第一个作品叫松赞绿谷，紧邻着松赞林寺，2001 年 10 月酒店开业，共 22 间房，酒店所有的家具和装饰都是白玛在北京的收藏。

从记者到酒店老板，这一跳跃，充满了未知和挑战。

然而松赞绿谷的经营一直没有起色，根本没有利润，现金流都是负的，当时白玛还从银行贷了款。后来请过德国人、奥地利人、西安人参与，都没能让绿谷走上正轨。酒店曾有过 11 块钱的团餐、一个房间卖 80 元的日子，这与之前白玛只想接待中、高端游客的初衷相悖。

2003 年白玛帮田壮壮拍《德拉姆》，做执行导演，之后，他决定自己接手管理酒店。房间的价格慢慢地涨到了每间 260 元，"很多自助游客人，原本行李放在丽江，但在松赞绿谷住了一晚，就把行李都拉到香格里拉，然后在松赞绿谷一住就是一个礼拜"。

美国前财政部部长保尔森、香港"小巨人"李泽楷等名流都住过松赞绿谷。白玛说，"尽管午休的时候他们可能会在县城里的五星级酒店，但晚上一定要住在松赞绿谷"。

还原藏族文化的面貌

松赞林卡酒店，是白玛这些年所有阅历和储备的展示。"在香格里拉这个地方做酒店，选址是最重要的。2000年做松赞绿谷的时候，我就想过今天松赞林卡酒店的地址。那时候要开路，花不起这个钱，犹豫再三放弃了。"白玛说。

"客人在香格里拉要什么？他们要感受香格里拉的宁静和谐，接下来是文化。这里原本是荒坡，只有三五棵树，周围没有任何新的建筑，都是传统的房子，一块宁静的地，坐北朝南也符合中国的风水讲究，包括周围的山形。客人来香格里拉，不会选择闹市，但也不能偏远，这里离闹市和机场也就十几分钟的路程，去独克宗古城也很近，从房间里都可以望见。

"我是在这里土生土长的，这个村里有三分之一的家庭是我的亲戚，盘根错节，他们很善良友好。"白玛修了村子里唯一的水泥路，它贯穿整个村庄。白玛说，"天时、地利、人和，这就是我的选址。"

"松赞林卡酒店要提供一种缘分，要表达我对藏族文化的理解。很多人对藏族文化的认识是花哨的，比如彩绘。'文革'后的艺人、放下锄头拿起画笔的工匠，少了传承，他的审美就很局限。现在很多

藏式的家庭装修动辄几十万元，雕的、画的装饰变得特别喧闹，面目全非。其实藏族文化是很内敛的，寺院的装饰很肃穆庄严，装饰首先要实用，不能喧宾夺主，要还原藏族文化的面貌。"

松赞绿谷有很多彩绘，颜色都是白玛亲自调的，这些色调都是在拉萨等地寻找来的，参考了几百张图片。刚开始负责彩绘的艺人很难接受这些色调，白玛有时候不在现场，颜色就会变得花哨。

"墙体也考虑过白色的，但因为觉得过于突出和张扬，才改成了材质自身的颜色，这与松赞林寺形成了反差。"

很多大户人家的彩绘门板，都被白玛悬挂起来，形成了一种气氛。黄铜制品的运用非常点睛，吧台完全是用手工敲制的，包括房间的洗手池台面，白玛需要在这里体现手工的痕迹，就连房间的钥匙牌都是纯铜手工打制的。"铜是最能体现手工的一种材质，而且铜越用越漂亮。"

白玛喜欢藏族传统的建筑，"我对其他建筑没有任何兴趣。材料来自当地，木材、石材、夯土，就地取材，建筑要与当地的经济形态结合，比如香格里拉半农半牧的生产结构。全世界主导的建筑是城市建筑，人把自己圈在一个很集中的空间里，充分利用公共资源，城市的楼宇越来越高。对于现代都市的生活方式，传统的建筑是没办法满足的。人还是应该给自己更大的空间，现代建筑已经不是为人设计，而是为了一种气氛，甚至只为一种气势。人和人的空间距离可以远一些，但思想应该近一些，传统建筑可以做到这一点"。松赞林卡酒店反其道而行之，白玛认为这样也许是正道。他不希望来香格里拉的客人住在和北京、上海一样的五星级酒店里。他要让客人时时刻刻体会到，自己是住在香格里拉。

松赞林卡酒店是石头、木质结构，这也是藏式传统的结构。

"在空旷的空间中，石头的质感是浑然天成的，它能够压得住气场，有种年代、岁月的痕迹。木头是种亲切的材质，你会有这个建筑在呼吸的感觉。它是自然的，伴随人类从远古走来，两者是一种和谐的关系。"

雕刻在白玛看来是纯装饰的、风格化的东西，不能偏离实用性，这是白玛反复强调的。在松赞林卡酒店，雕刻就用得比较少，而窗檐、屋檐的设计别具匠心，因为它有实用性。"现在一些藏式的建筑经常会把一间房全部彩绘或者雕刻，在这种环境中，人会很浮躁，因为这些已经远离了实用性。"

传统与传承

白玛这么多年收藏的大量藏式家具、饰品、铜器、唐卡，都被摆了出来。有人劝他，不要把这些藏品放在房间、餐厅或者大堂，容易损坏。但白玛不这么认为，他觉得这些东西的价值是展示出来的，放在仓库里，就是死的。白玛开玩笑说："这些藏品，如果太久见不到人，也会得抑郁症。"白玛认为工业化的一个结果是简洁了，产量上去了，但美感越来越短暂。

他特别怜惜那些懂得传统工艺的人，想通过酒店给他们展示自己才华的机会。费尽周折，白玛在鹤庆找到了一个很好的铜匠，当时他迫于生计，一直在改做浮雕。白玛说你来我这里，只要你想做，就一直在我这里，直到有一天你不想做了。现在四五个铜匠每天都在为松赞林卡酒店工作，从门籁、门扣到铜锅、铜盆，手工敲制出松赞酒店的所有铜器。这些东西，根本没办法从市场上买到。

白玛陆陆续续寻找到 300 多个传统工匠来到酒店的施工现场，但后来很多年轻的工匠都离开了，他们去跑运输、去大城市打工，他们抱怨传统工艺活儿太辛苦。现在留下的这些工匠没有 40 岁以下的，白玛开始忧虑，今后谁来传承这些技艺？

在尼西，白玛开车带我们去见了孙诺七林，他是当地最有名的制作黑陶的艺人，从 11 岁起，整整 50 年都在从事黑陶的制作，白玛酒店里的黑陶制品都是孙诺七林亲手制作出来的。孙诺和他的几个徒弟，在位于自家二层的阁楼里，借助窗口投射进来的自然光，用原始的手工技艺制作黑陶，每天产出不过十几件。

人的风景也许才是最美的风景

白玛，藏语意为"莲花"；多吉，藏语意为"金刚"。在进央视之前，白玛多吉曾跟随十世班禅大师进行过一段拍摄工作，是十世班禅大师赋予了他这个名字。白玛说自己是个理想主义者，做酒店不是为了赚钱。

刚开始就是想做藏文化的一个桥梁，随着发展，白玛现在发觉酒店是"被别人需要"。"在松赞林寺做了这个酒店，很多人喜欢，我觉得就做到了被别人需要，很满足。"

"慢慢地，我不希望酒店只是一个了解藏文化的地方，我希望在精神层面对别人有所帮助。现在是一个精神危机的时代、浮躁的年代，人们渴望特别多的物质，激烈的竞争给人们带来很多的压力。"北京和香格里拉两个空间的转换，也让白玛了解到一个现代城市人内心的渴望和需求，他要为他们找一个换气的地方。

"幸福是什么？幸福不在一个很多钱的地方，也不在一个很遥远的地方，幸福其实在自己的心里。"白玛认为如果一个人能把自己的心态调整得特别好，那就是幸福。

对于从小小的克纳村走出来的白玛，村里人一直觉得他能赚钱。但白玛觉得钱这东西，根本没有意义，他说自己是个有信仰的人，"这种信仰会排解很多的压力，既然生命是一个漫长的过程，你就不要在乎那些得失"。自 2004 年起，白玛开始琢磨怎么帮村里发展，"财的布施有功德，但金山、银山的布施都不如一句法的布施"，这是白玛的观点，村里的孩子从小学到大学每年都会得到白玛的现金资助，大学生每年可以得到 2000 元。村里的孩子，只要有初中文化，就可以来松赞酒店工作。

白玛想在几年后重拍那部没有获大奖的纪录片，10 年了，镜头里有的小孩已经结婚，有的当事人已经离世。

外界对松赞林卡酒店的看法是能看得见风景的房间，但哪个酒店的窗外没有风景呢？真正的风景应该是在这个地方最应该看到的景致，更何况有些风景又不一定要推开窗户，再或许人的风景才是最美的风景。

"幸福是什么？幸福不在一个很多钱的地方，也不在一个很遥远的地方，幸福其实在自己的心里。"

——白玛多吉

有些人一起成长，有些人晋级，

拥有了属于自己的民宿

CHAP-
TER

③　⑥

醒山的第一位主人是我，第二位主人是Michael。你肯定想不到，第三位主人，是我们的一位忠实粉丝，曾经把我们的每一间民宿都住遍的老客人。

　　咪咪长着一对漂亮的卧蚕，和相爱多年的男朋友都是上海本地的年轻人，爱旅行。咪咪和男朋友有一个温馨的小家，养了一只猫咪，形影不离。闲暇时，他俩会带着相机，在上海走街串巷四处拍摄。他俩有一个爱好，就是每逢周末都会去体验上海的一家设计酒店。当Airbnb在上海生根发芽后，他俩变成了Airbnb优质房源的常客，很自然地入住了排名靠前的醒山，并且一家一家地住了个遍。

　　自然，我们成了好朋友。

　　因为善于与人打交道，咪咪毕业后很快找到工作，在一家广告公司上班。她说进入公司的第一天就预感自己不会爱上这份工作，格子间里沉闷的空气、办公室里微妙的人际关系，都让咪咪觉得拘谨。两年后她果断辞职，可是之后却一直找不到喜爱的工作。第一次见到咪咪的时候我正在装修其中一间民宿，咪咪说特别喜欢我们的房子，好想变成自己的家。我说，那就加入我们吧，我来教你如何布置房间。

　　生活中永远不缺好的设计师，缺的只是对生活的热爱。从此，咪咪上街不再去逛曾经最爱的服装店了，反而更爱逛杂货铺和家居店，然后买回家一大堆锅碗瓢盆和饰品。当时咪咪去清迈度假，一度流连忘返，泰式的自然、文艺和小清新是她的最爱。

　　因此，咪咪和我们合作布置的第一套房是泰国风情小屋。小院里的墙改造成了满满的绿植墙，我们希望有自然的感觉。由于操作方便和成本有限，我们选择了人造绿植墙，但尽可能模仿植物自然生长的形态。靠近阳台落地玻璃门的床，我们希望打造出躺在古老的大自然里的感觉。

我们一开始想要自己手绘热带雨林，结果画不好，最终替换成了热带雨林的墙纸，质感不错。床头是泰式木雕灯，顶上有东南亚风格的木叶吊扇，还挂起了竹帘，院子里的阳光可以洒在床尾。复古的茶几、吊灯，都会带来浓郁的度假感。院子和房门口都种满了热带绿植。

我们给它取了一个惬意的名字——雨林。

咪咪有天生的保护欲和服务精神，一刻不停地思考房间里缺少的细节。冬天来临前她会第一个提醒我们给客人添厚被子；万圣节来临前，她在所有房子的院子里挂起南瓜灯。每天围绕着爱的人、猫咪、民宿和来自天南海北的客人，咪咪彻底爱上了这样的生活。如今咪咪已经是5套精美自然系民宿的主人了。

后来咪咪告诉我，其实一住进我们的民宿就想和我们一样拥有这番事业。当时以为是天真的幻想，想不到竟一步步成真了。主人有故事，客人也有故事，并且还有酒。在法租界的巷子里吃完法国蓝龙虾泡饭，和全世界的朋友互道晚安后，咪咪常常拿着精酿啤酒，坐在清风露台，拥有漫天繁星。

也许这个世界不够好，但不用等别人来改变，我们可以自己动手。就是这样，后来有许多像咪咪一样有一技之长的年轻人加入了醒山。他们拒绝走重复的路，他们将上半生和下半生划分开来，他们成了我们，成了民宿的主人。

19 岁退学来当酒店管家的"小鲜肉"，
华丽变身网红主人

CHAP-
TER

④ ⑥

很多醒山的粉丝，可能从来没听说过我这个设计师，但是他们不会不知道我们的王牌主人 Lee。不当网红也不混时尚圈，这位颜值爆表的 1994 年的"小鲜肉"，竟然成了上海最暖民宿的管家。

堂哥 Rick 的书房酒店是 Lee 与我们缘分的开始，这是一家宁波最具特色的精品酒店，坐落在老城区的繁华街巷。加入我们的时候 Lee 刚满 19 岁，是一名大二学生。腿长"2 米"，发型对得起颜值，全身散发着很想红的"低调"。Lee 喜欢和不同的客人聊天，是一个人情味爆表的水瓶男。也是从那个时候开始，Lee 开始学着调酒、煮咖啡、泡茶、给客人烧海鲜。书房里有一个人见人爱的"小鲜肉"Lee，这个故事开始传诵开来。

接着一个有趣的现象出现了——许多客人订书房酒店只是为了能见到 Lee、认识 Lee。Lee 瞬间变成了书房酒店的镇店之宝。我们发现原来"主人"的服务理念，不只适用于民宿，也是精品酒店所需要的。拨开这层迷雾，我们清楚地意识到民宿、客栈、小型精品酒店其实是同样的事物，无论住在什么样的房子里，这都是一段特殊的时光。酒店服务不一定需要专业的背景，相比之下，服务本身其实是一个内心情感流露的过程，服务人员给客人的关怀其实是出于热爱生活。我们决定以后所有新的酒店项目都是满满的"主人"文化酒店，每一个团队成员都朝着"主人"的概念去发展，可以在宁波和上海互换，选择自己喜爱的地方，就这样 Lee 也成了醒山的主人。

直到现在，Lee 一心一意只想着一件事，就是当一个 48 小时待命的贴心管家。清晨 6 点，Lee 准时出现在法租界的某间民宿里，拉开窗帘，抚平床褥，洗好甜瓜摆上，黑胶唱片响起玻西和费斯。然后

他骑上小电驴，飞奔到巷口，向大爷要一碗馄饨、油条，继续前往下一间房。邻居的爷爷奶奶都是 Lee 的好朋友，每当小电驴穿过，他们都会喊着"小李"。有时候他们还一起搬小凳子下象棋。Lee 说他对管家的角色一直很着迷，有种神秘色彩，好像王家卫电影里 24 小时便利店里的小哥。如今醒山民宿预订页面的第一页就是主人 Lee 的二维码。

去年在宁波东钱湖，Lee 也终于梦想成真，自己动手做了一间叫

"小白屋"的民宿。高大帅气的Lee亲自上工地，当起了油漆工，自己制作摆件，将后山捡回来的树枝钉在墙上作为装饰。Lee还扛来了小木船，亲手刷成白色。于是客人可以从自己房间门口划到东钱湖深处。

这就是团队小伙伴Lee的故事，并验证了那句：爱上一座城是因为一个人。

海龟金融男的
酒店王国梦

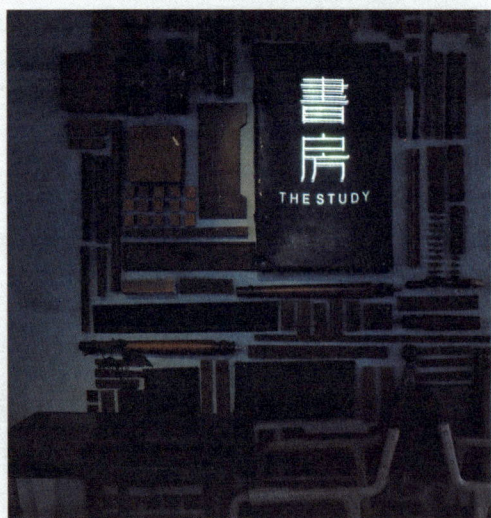

说到运营民宿，可能很多人觉得不涉及设计团队管理，这就太天真了。哪怕我们只有一个保洁员和一个临时工，只要超过一个人，就涉及团队管理。

说到我们民宿团队的核心，不得不提"方立刻"，也就是前几篇提到的，让我们在扩张过程中走上正轨的功臣——书房酒店创始人Rick。他在"在行网"（一个知识技能共享平台）上的行价是250元回答一次提问。大学时Rick在英国研读了经济学，最大的爱好是体验酒店，自称"野生酒店试睡师"。

貌似不务正业，却能四处玩转咖啡馆、酒店的这位"80后"，曾被许多人怀疑是"富二代"。用Rick充满阿Q精神的话来说："祖上也曾经阔过。"让他引以为傲的是，曾祖父在100年前的上海滩运营一家名叫方瑞记营造厂的建筑事务所，巅峰时期参与了上海外滩万国建筑群的建造。

时过境迁，Rick出生时，家境平平。他从小是一名阳光小话痨，现在长成了闷骚文艺男。最令我们这些堂妹羡慕的是，他小时候经常拿着亲娘帮他伪造的病假条，逃课流连在图书馆里，读晦涩难懂的书。大量的阅读让Rick小学时写的小说便得了奖，但后来再无文学作品，因为他的理想不是局限在文字写作，而是征服星辰大海，探索人类认知的边缘。

Rick并不叛逆，但也从来不按常理出牌。为了看"闲"书、学自己喜爱的事物而旷课，在国内应试教育中不得志，上大学就不得不被父母送出国，去了新加坡。在全新的环境中，他骨子里深藏的不安分因子被意外激发。Rick假装当地华人，做过导游接待旅游团；冒

充旅游专业的学生去希尔顿酒店餐厅后厨端盘子；和房东一起收集原住民的手工包摆地摊；还研发迷你咖啡烘焙机放到咖啡网站上卖，一下子成为爆款，现在依然可以在淘宝上买到仿制品。最后误打误撞进入《纽约时报》新加坡驻站新媒体部门，当了一名咖啡编辑。

你以为以上已经是传奇故事了吗？不！

当时和国内女友谈着跨国恋的Rick，为了负担一年数次的往返机票，开始倒卖电话卡。他在各个学校都建立起系统的电话卡贩卖网络，凭借巨大的价格优势和密集的销售分布，不到一年时间，盈利上百万新币，闹得当地电信公司找上门请他喝茶。

然而腾讯在第二年推出了超级语音，Rick的通信大亨梦就此中断。

被"企鹅"搞得死去活来后，读经济学的Rick开始留意腾讯股票。在香港地区上市的腾讯控股坐拥数亿客户，由于没有模仿对象迟迟找不着发财的路子，股价长期徘徊在个位数。Rick预感到，这个超级语音一旦收费，就会像网络电话一样带来巨大的收益。于是他鼓起勇气趁转机的空当在香港开户，头脑一热全仓买入了0700腾讯控股。后来超级语音昙花一现没有收费，但企鹅通过向QQ空间贩售衣服、道具、钻石等赚了个盆满钵满。于是Rick这位"富一代"便横空出世。

回国后他用一部分股市上的获利，在宁波天封塔边儿开了一家小咖啡馆。Rick做得很用心，找到在云南怒江边上种的咖啡豆，和朋友一起在驾校边的厂房研究烘焙咖啡豆。然而，两年后他的咖啡馆就跟边上的麦当劳一起被房东扫地出门。他并没有对精品咖啡行业死心，很快和一位以色列设计师一起折腾出了"无中生有"咖啡品牌的第一家店，这家店如今是设计师和创业者们趋之若鹜的城市咖啡馆。

接下来的这些年，空闲时间里，Rick 自费当起了专业酒店试睡师，睡过了塞伦盖提的帐篷和纽约第五大街上千家酒店的房间。

当他带着全球顶尖酒店的体验回到故乡宁波时，偶然发现月湖边上有一栋闲置了 5 年之久的老宅子，酝酿已久的酒店之梦得以落地。经历了数次创业，Rick 懂得一个团队的运营，找对了人就至少成功了百分之九十的道理。

书房酒店的几位小伙伴都是不惜重金从各个行业聘来的人才，还给一间小小的精品酒店配置了高端酒店的消耗品：意大利的 Mavis 牙膏、法国 Spasa 乳胶床垫、英航头等舱的 Elemis 洗漱用品、瑞士 Laufen 马桶，还有 Bose 音响。

看到我在上海改造老洋房、做民宿，资深自费试睡师的 Rick 十分推崇，天马行空，甚至把自己家改造成了"宁波包豪斯风格"民宿，放在了 Airbnb 上供陌生人试睡，还系上围裙下厨做饭。

后来 Rick 加入了我的民宿管理团队，在具有人情味的民宿主人中，建立了高效科学的酒店管理系统。书房酒店则经我改造后变成了适合年轻人的更有艺术感的空间。我们团队的每一个人都有着同样的梦想，就是打造一个小型精品民宿和酒店王国。

咖啡师与他
傻傻等待的女孩

诗与远方，文艺与咖啡，它们两个词总是相互伴随、相生相依，我最后要介绍的这位民宿主人——小贝，是一名民宿界著名的咖啡师。

小贝来自龙游，出身书香门第，离开故土到宁波打拼。他做过婚纱摄影师、开过文艺却不赚钱的书店，也曾经为维持不赚钱的书店跑到饭店做全职服务员。他是Rick创建书房酒店初始就加入我们的元老。

万事开头难，小贝从酒店装修开始就全程参与，他非常喜欢招待客人，仿佛天生被五星级酒店训练过一样，彬彬有礼、不卑不亢，非常儒雅地帮客户拿行李、端茶、挪凳子……热情周到，一丝不苟。配合月湖的环境，书房的古朴设计，客人总是以为自己步入了"民国"电影的片场。

每天晚上在书房酒店守夜的也是他，守夜的时光他都会看书。

直到有一天，Rick问他觉得上海怎么样，小贝说上海好啊，大城市滚滚红尘，于是就接下了Rick掏出的钥匙串，开始负责上海的民宿。

当上上海醒山民宿主人的小贝，每晚依旧健身、阅读，还把在宁波养的猫咪带了过去。而小贝学咖啡的原因很可爱，是因为去年来自日本北海道的一个女孩。她预订了我们在法租界的小洋房作为到上海的第一个落脚地。她是非常可爱的女孩，脸庞清秀，黑发及腰，还有那由内而外散发出的自然气息。

到上海没多久，她在民宿所在地——永康路上的一家咖啡馆找到了工作。从此小贝每次去那里附近的民宿打理，都会去她打工的地方喝一杯咖啡。她做的黑咖啡，像加了奶一样香，一点都不苦，喝完嘴里甜甜的。

久而久之，小贝就说想要学做咖啡，女孩一边耐心教导，一边喃喃地说："山川草木无处不宿神，而制作的人要有敬物之心。"大半年过去，小贝对咖啡的认识越来越专业，咖啡做得越来越有味道，也开始写诗，写那些文艺的故事。

2016年圣诞节的前一天，小贝照旧来到咖啡馆，却发现站在吧台里的人变成了一个帅气的法国男生，她和她的咖啡都不见了。"以后有很长时间只能从照片里看你了，我静静地看着你，像背单词一样，看一会儿闭上眼睛描绘一遍，想把你记住，就像我蹩脚的英语。"他在朋友圈里写道。

如今，他成了我们泰国普吉岛民宿的打理人，依旧撸猫、健身、做咖啡，默默地等着她。

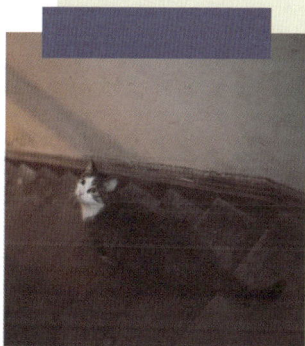

PART 3

年轻的躯体热爱古老的房子，
改造是注入灵魂的过程

曾经有个朋友问我："假如你一生只能做一次空间设计，该如何开始？"

这是很多读者的困扰，因为大多数人不是专业民宿打理人，也不是设计师，但需要改造自己住的家，又或者需要改造唯一的一套民宿。因为只做一个，往往有太多想法想放进一套房子，甚至一间屋子，导致风格混乱。

记得当时我思考良久说："其实，我的想法和你一样，和所有人都一样，就是把心目中自己觉得最放松、最希望一直待着的梦想空间打造出来。差异在于我的梦，是回归自然和历史古韵的风格。"

实现这两点最简单的方式，对我而言，就是选择老房子，尤其是我热爱的上海租界老洋房，因为那里的感觉相当奇妙，梦想与现实产生了强烈的反差。

为什么说法租界代表了
有趣的生活方式

在知道法租界的故事之前，我就爱上了这片梧桐树映衬下的老洋房。在知道它们是张爱玲、胡蝶等人的故居这些文化光环之外，我察觉到这是一片有良好居住体验的社区。有时候在找房源时，会遇到叹息"现在的上海小囡哪知道什么居住体验啊！"这样的弄堂大叔，惆怅的神情中藏着一丝不易察觉的不屑。成长于 20 世纪 70 ~ 80 年代的上海弄堂里，大叔、阿姨有很多"90后""00后"以及因为改革开放而涌入的一批"新上海人"没有的城市记忆。这些童年记忆基本可以用四个字来概括——"老法租界"。

以衡山路、复兴中路为中心的总面积7.75平方公里的街区，是旧上海时期的法租界，如今横跨徐汇和黄浦两区。

徐汇区的五原路，很可能是外国游客记住上海的第一条路，尽管它对现时生活在上海的人来说很陌生。老洋房下午茶、老洋房花店、老洋房咖啡店、老洋房西服店，这些店就可以概括这条街道的商业业态。日暮时分找一个开在洋房花园中的西餐店吃完晚饭，踏着树影斑驳的石子路晃到满是酒吧的永康路，喝着酒、看着上海人家的市井生活、租住一晚老洋房，这是一个老外标准的上海一日游。

在老上海时，最好的住宅是"邨"，其次是"坊"和"里"，以这些字结尾的住宅往往是当年的高档社区和名流住所。早期的建筑风格是洋房（1910年前后），后期是新式里弄（1930年以后），更晚期（1950年以后）是给知识分子建造的公寓，但游客不管这些，统统看作是老洋房。

如今，这些表面仍然"传统"的老房子，里面已经装饰一新，被挂在了房屋租赁网站Airbnb、Agoda等短租平台上，提供最上海的居住体验并带来可观的投资回报。

2015年8月，Airbnb正式进入中国。虽然早已经有许多上海的短租房源登录到了平台上，但上海老洋房一直是被追捧的稀缺资源。现在，以"法租界"作为关键词搜房，Airbnb平台上有300多套，途家网上超过5000套。

每一次老房改造，
都是老建筑与人们的
生活方式在共同进化

在北上广这样的国内一线城市，已经进阶全球"压力大"都市 top 10。城市节奏快得仿佛快进的电视节目，巨大的压力一旦进入老租界，似乎就消失了。凝而不转，推开门看市井弄堂，树影斑驳，就连屋里的光线也令人沉醉。一栋栋拥有百年历史的老洋房，就像是一位位年迈的长者，历经沧桑，见证历史变迁，默默地矗立在喧闹的市中心，一动不动，却给了我们大山一样的精神支持。

闹中取静，静中有动，看似矛盾，却魅力万千，这大概是老洋房民宿如此受到热捧的原因。离开繁华的陆家嘴，来到细碎风情的法租界，那"民国"风建筑群里，一片青砖墨瓦之下，我取其粗糙的质感，用自然古朴的材质和最为原始的色彩奏响着属于自己的乐章。

每一次老房改造，都是老建筑与人们的生活方式在共同进化，这是一件有历史意义的事。

所以说设计从来就不是凭空"创造"，一个好的室内设计师应该是一个懂得生活、享受生活的人，这样才能将生活中的各种元素杂糅并融入作品。设计师往往在生活的点点滴滴中发现瑰丽，寻找自然的规律，游刃于其中，这也是设计的乐趣。

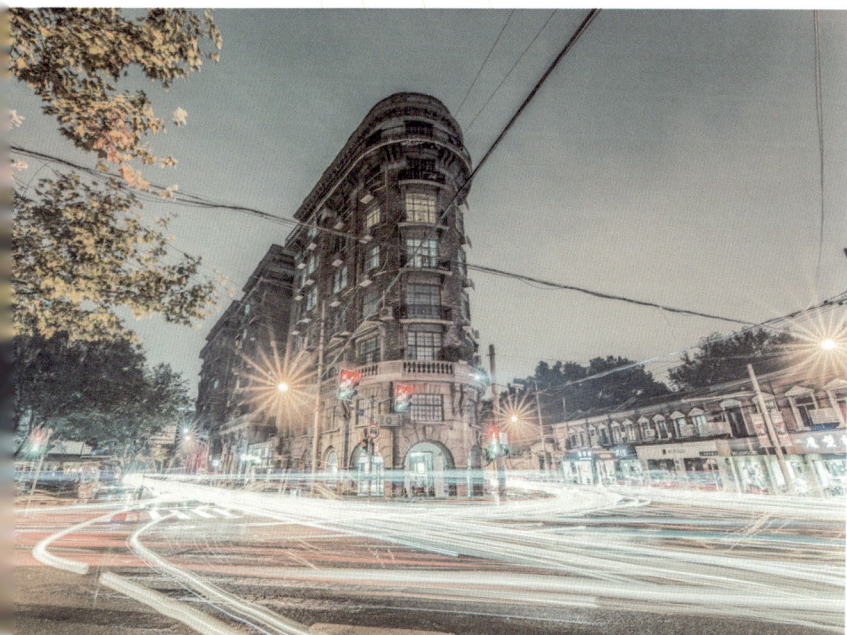

改造民宿的第一步，
选择适合改造的房子

CHAP-
TER

①／⑥

在我写这篇文章的时候，刚好看到定位于全球公寓民宿预订平台的途家，发布了《2017春节旅行公寓民宿数据分析盘点》，通过对春节黄金周期间（1月27日至2月2日）公寓民宿市场进行监测与数据分析发现：2017春节公寓民宿热门目的地中，厦门、成都、上海排名前三：平均800元／晚。

其中，独栋别墅、农家乐、老洋房、房车营地、蒙古包、吊脚楼等各具特色的民宿成为过年出游的热门选择。更有旅游者以住特色民宿为旅游目的，充分体验不同住宿环境所带来的游玩乐趣。

由此可知，全世界最受客人追捧的民宿房源，从选择房子本身来讨论，无非两种因素，要么是文化背景，要么是自然风光。选择民宿而不是酒店的游客，对于体验感一定是有更高的特色需求。

文化属性很鲜明的房子，并且位于相对繁荣的位置。例如，上海的法租界老洋房，浮华且沧桑，歌舞升平却又暗流涌动，看着那一栋栋老房子就仿佛回到了那个英雄辈出、波诡云谲的"民国"时代。住在这里更能直接感受上海20世纪30年代的摩登风情。

又或者北京的四合院，每一块砖石雕刻、每一处油饰彩绘、每一幅匾额楹联，都彰显着它丰富的文化意蕴。上有一片天，下有一片地，中有一家人，天、地、人浑然一体，气息相通。庭院内植树种草，栽花养鸟。春拂煦日，夏听蝉鸣，秋沐和风，冬赏飞雪，自然之美，尽收院中。住在四合院，是人间最高层次的享受，也能地地道道感受京韵京味。

住在时光里
北京我宅：
抬梁式木质结构四合院

比如，最近新推出就变得很难预订的北京民宿——我宅。民宿主人和设计师是一对建筑师好友，为了不再做自己不喜欢的设计，侯丹青和邹磊看上了老屋的抬梁式木质结构，决定租下这栋四合院做整体改造。

我宅·有院的前身是一个销售旅游纪念品的地方，每天进进出出的游客并不少，但来去匆匆，没有人会注意到老旧墙壁露出的青砖，也没有人抬头仔细观察过这木构屋顶。整个院子就像是隐藏在城市中的一种历史记忆，这些房子是不必拆掉重建的，反而应该让它们从时间里跳出来。

装修一开始，侯丹青坚持要将四合院主房百年前的青砖全部清理出来，这在施工队看来是个"不可能完成"的事。因为每经历一任主人，墙壁就被糊上一层厚厚的乳胶漆，这种漆质黏性过大，加上时间太久，施工师傅尝试用打磨机清理也最终失败。

但是侯丹青并没有放弃，她自己用小铲子一块一块地清理起来，这种原始的笨方法在半个小时里只清理出了 7 块。她兴奋地跟施工队说这是可以实现的，施工师傅惊叹这种方式的高额人工成本，"这真的可以做吗？这是在用人民币贴墙面"。

在侯丹青的坚持下，一个星期的时间，墙面上的青砖终于被完整

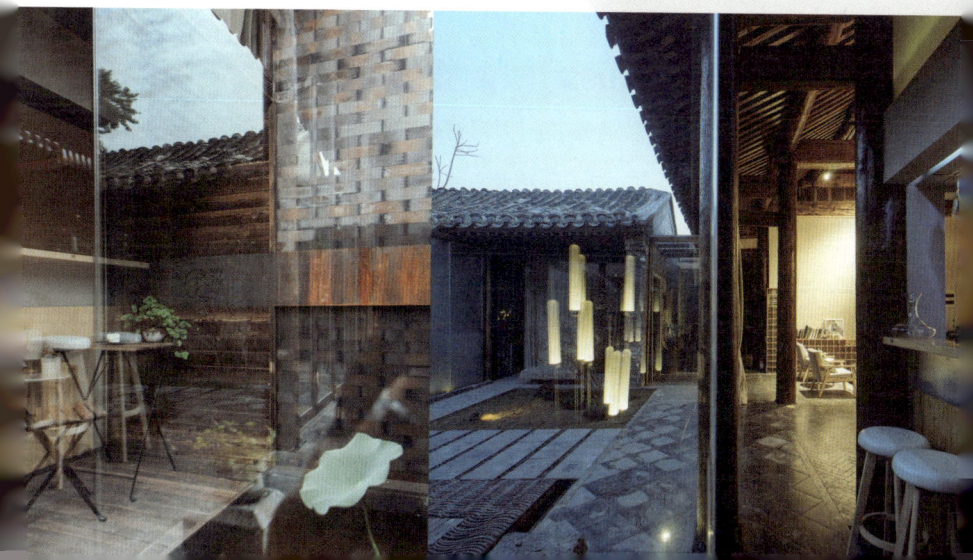

地清理了出来。现在走进有院的主房，看到、摸到这些青砖裸露的墙壁，都是一次与历史记忆的接触。

很多住进我宅的客人，都不愿意走出这个院子甚至是房间，意料之外的是，很多房客竟然就生活在北京城里。"放空""发呆""和宅主喝茶聊天"好像成为来这里的人最喜欢做的三件事。这里就像是一扇与外界隔离的门，悄然间放慢了节奏，让我们在老时间里自我修行。

–

地址：
我宅 · 有院　北京市安定门内大街 205 号
我宅 · 方糖　北京市香饵胡同 74 号院
https://zh.airbnb.com/rooms/13811285

印度 Amarvilas：
泰姬陵边上的古皇宫

不论去哪个目的地旅行，我们总是想完美地了解当地的人文、艺术与特色。我最推崇的学习对象，是印度的国宝级酒店品牌 Oberoi，创建于 1934 年，创建者为 Mohan Singh Oberoi——印度最伟大的私人酒店品牌拥有者。

旗下 Amarvilas 酒店坐拥无与伦比的地利，房门打开，落地窗前，

一整座泰姬陵，就这么遥遥浮现眼前，雪白壮丽如画，有了这么一个选址，你就赢了。

这住的不是酒店，而是皇宫啊。

——

www.oberoihotels.com/

"吃土"三月，一夜风流
京都虹夕诺雅Hoshinoya：平安王朝时日本知名航运商人角仓了以的书斋

有一年5月的时候，朋友问，红叶季谁要去岚山？走，我想也没想就答应了。订哪个民宿？听说星野不错，而且要早订，提前半年应该可以了吧？

打开官网，筛选日期，11月仅剩第二周的周末了，叶子半红不红的时候。而从11月下旬到12月，全满。房价，差点看错一个零，"吃土"价无疑。订不订？当然要订，岚山、红叶季、星野旗下宇宙品牌虹夕诺雅，加上一个刚好剩下的仿佛为你独家定制的周末空当，还有比这更诱人的搭配吗？

如果这是最好的，"吃土"也是要去的

自京都站乘山阴本线去嵯峨岚山，下车后前往渡月桥的路上经过很多有趣的小店，出售各类伴手礼。桥头有一栋白色房子卖Arabica咖啡，门前排着长队。店员妹子美如画，从这里带着一杯纯正的Arabica咖啡过桥，跟从熙熙攘攘的人流，观赏两岸栖息在石头上的水鸟，踏上一步一景的虹夕诺雅之行，完美。

提起来走的箱子

星のや（Hoshinoya）是星野集团下的顶级度假民宿，中文名称即为虹夕诺雅。它位于岚山深处，原是平安王朝时日本知名航运商人角仓了以的书斋。因位于岚山保护区内，周围已不允许再行兴建，民宿周围只有自然之景，人迹罕至，清幽避世，到达岚山后，需要乘舟方可抵达。

宇宙王牌虹夕诺雅不属于公共交通，拥有自己的休息室和渡口。着统一黑色服装的清瘦的女孩们是管家，执意接过我们的箱子，因为怕石路破坏箱子的滑轮，几十斤的箱子都是拎起来走，看着着实心疼她们。

给鸭子让路的木船

一条约可容纳 10 人的木船逆流而上，将我们荡入大堰川的美景中。11 月的天气，斑驳的木椅子上毛线毯子叠得方方正正。一路山岚重重，枫树密布，景色曼妙如诗，满眼层叠的叶和悠然的桨。突然船放慢了速度，定睛一看，原来是一群路过的鸭子，心想这国外的"车让人"体验竟然也适用于水路上的过客了。

约 15 分钟的水路，渐行渐窄，弯弯曲曲已不见人迹，偶有山间的古寺建筑隐匿树间。自踏上那湿润油亮的青苔石阶开始，枝叶环抱，满目绿意，绝尘之感扑面而来。坡道看似易滑，实际设计得很浅，悉心周到，此刻这幽深之景，便只属于你一人了。

击缶相迎的礼遇

通向房间的路上突然听到玲珑清音，只见一和服男子在水间弹奏、击缶相迎，以示"有朋自远方来，不亦乐乎"。恍惚间如见那敲击的音符飞入水面，荡起涟漪。这天气，方砖上必定是很凉的。如此古风的礼宾方式实不多见。

这里的漂浮茶室及料理餐厅，白天似立于水面之上，晚上遁于灯盏之中。

整个京都虹夕诺雅只有 25 间房，巧妙利用山谷的地形空间，一栋栋零散于翠山绿叶之中，无论是举家、二人抑或单人，均能找到适合的房间。虹夕诺雅的主创设计师相对固定，3 个完成的项目都是由日本建筑师东利惠和景观设计师长谷川浩己合作完成的。月桥、山之端、谷霞、水音、叶露，每一间客房都被赋予了诗意的名字。

不需摄影技巧的风景

连接每间房的是传统的步道，砾石散落，木屐踏上吱吱作响。汀步石陷于植被中，写意得似断非断。一扇移门后，通过简洁的日式玄关，是我们的套间，而当打开卧室内的移窗时，这层层叠叠的山野清幽几乎是扑到眼前的。对面，嵯峨野小火车缓缓驶过；窗外，红绿相间的古枫树；窗内，舒适的榻榻米与沙发。可想见当年的富贵名士，过着这"红颜弃轩冕，白首卧松云"的日子。

这里最大的套间为 122 平方米，可以入住 3 人，我们选择的房间是 60 多平方米，清晰地分为庭院、玄关、主卧、观景沙发、洗手间及浴室。预订时，官网上都可以查询到每间房的平面图。

房间内完全没有疏漏的细节。卧室墙上贴的也并非简单的壁纸，而是京都独一无二的"京唐纸"，由艺术家将胡粉、印度红、群青、黄土、墨和云母等颜料调和后鞣制而成。京唐纸在古意的灯光照射下显现出千变万化的表情之趣。

所有房间都没有电视，取而代之的是音响，还准备了精心挑选过的轻音乐 CD 和笔墨纸砚的小游戏。静下来，慢慢体会这千年古城中的贵族私邸。屋内准备的小点心也很用心，除了标配的迷你吧台之外，日式小干粮尽数可见。

用来泡汤的苹果

我们换上和服、防风外套和木屐，用过怀石料理后回房，惊喜地发现床上放着用来泡汤的苹果和睡前音乐。浴室有提供给女士的贵妇品牌 CDP 旅行套装化妆品，沐浴用品为北麓草木。浴缸是传统柏木材质，泡澡的同时还能享受柏木混杂苹果和草木叶的清香。更有温度计测量水温。

早餐就吃起了火锅

早餐时间，服务生背着一个长方大包，摆好各种火锅器具，还有茶师来斟上茶。偷偷地说，这让我想到了海底捞的服务，但格局、环境还是高下有别，也是头一遭体验了早上就吃火锅。

匆匆而来，匆匆而去，临别的时候，登上船舱前，已经开始怀念。星野的管家们又早早地等待于船前，90度鞠躬、持续30秒，送我们离去。

如果要说这一切是否值得如此高价，见仁见智。但世间万物又何尝不是如此，需做到比99%的好，才可以获得往上50%的定价空间。最难被理解的高价交易中，购买的都是稀缺。虹夕诺雅坐拥稀缺的建筑，是自然也是历史，更多的还是万无一失的极致讲究。比如，在这里用的纸巾，就是我此生见过的最柔软的纸巾。

不知道明天、明年，又有谁会成为虹夕诺雅的来者。是异国他乡的游子，闻名前来一览这"宇宙王牌"民宿的真貌，还是当地旅人，只为了偶然享用静谧山野的宁静？但不变的是，为了鸭子放慢速度的渡船、用力提起客人笨重行李的侍官和每位客人步入庭院时准时响起的叮叮咚咚的缶声。

旅人看着这无私的风景，虹夕诺雅看着旅人对自己的尊敬，并用它的方式展现出对等的大美。你看到的每片红叶、每颗星，都有你花出去的银子。用房价检验民宿，真是让人沮丧的唯一标准。

--

www.hoshinoresorts.com

和大自然
亲密接触的房子

　　在国内选址的民宿，我必须推荐在景观方面做得很好的裸心谷。他们的想法很简单，就是希望逃离城市，成为大自然的一部分。距离上海、杭州这样的大城市也并不远，到上海仅两个半小时车程。整个设计以不破坏自然景观为原则，顺其自然、顺势而生，仿佛世外桃源，所以来此常常会流连忘返于山间道路。裸心谷有潺潺小溪水，有茶山，有小水潭，早上起来的时候还有鸟鸣。推开门就能放心呼吸、放空发呆，避世隐居，人与自然和谐相处，其乐融融。

　　住在这里，是不是有种隐居终南山的感觉？

—

www.nakedretreats.cn

就是因为这些特点，以前人们会因为某一个旅游城市而去游玩、去住一个酒店，现在酒店本身就成了旅游目的地。

沈虹小姐的全球精彩目的地
民宿推荐地图

如果你同意村上春树对于旅行的认识，"旅行就是把陌生地的空气呼吸到肺里，变成自己的一部分"，那么在这个夏天，你可以上天入海，我帮你探访了19张直接放在最美风景里，或者直接放在历史长河中的床。

在这张地图中，旅行的目的地不再是一个个的地名，而是精准到一间间有趣的民宿。

可以想象一下，不管是在葡萄庄园的夏日晨风中醒来，还是在非洲人草原的狮吼中喝杯伯爵茶，哪怕撒野也都是优雅的。又或者你可以选择在海底的透明房子中体验一下小美人鱼的乐趣，大群的沙丁鱼从你身边迁徙。又或者你可以躺在雪原中和爱侣一起看极光；在纽约中央公园里用香槟当早餐。只有你想不到的，没有我不知道的。

威尔士：Gladstone's Library 格莱斯顿图书馆民宿

英国人爱书，但是最爱书的还是威尔士人，坐落于威尔士Hawarden 的这座格莱斯顿图书馆，之前是一个年久失修的古老的城堡，后来改做图书馆，名字来自前英国首相威廉·尤尔特·格莱斯顿。他曾作为自由党人4次出任英国首相，在Hawarden 去世。馆内的图书，大部分是关于宗教的，这里同时也是一个民宿，很多人会在这里居住

两周甚至一个月，用来潜心研习。

图书馆的民宿部分拥有 26 个房间，现代派的装修风格，像是古堡中的一片新天地，穿越时空，逃离了现世的浮躁，让人沉静。但这里并不是与世隔绝，电话、收音机、咖啡机、免费 Wi-Fi，一应俱全，对于专程前来学习的人来说，这些已经足够。

图书馆的管理者认为，读书的环境不能太过舒适，这样才能放飞思想。来这里的很多人都是宗教人士，对于他们，算是一种清修。在这样的氛围中，有一种清教徒般的简约与克制，朴素而温暖。

美丽沉静的图书馆有两层，古老而温润的木饰，折射着室外透射进来的阳光。里面的书籍，除了神学，还涉及历史、文化和政治等方面。图书馆的宗旨是：我们不提供答案，只提供一片思想飞扬的天空，我们让客人在这里享受孤独，同时也乐于在此与人交流，期待你在这里遇到你从未想到过的东西——一本书、一片思想的火花，或者是一个人。

我曾坐在宽大的皮沙发上，享受着午后的阳光，信手翻着那些古老的书籍，虽然未必全能读懂，但是不知为何，心中充满感动。

_

https://www.gladstoneslibrary.org/

肯尼亚：树屋民宿

来非洲住树屋，曾是欧洲贵族偏好的度假方式，起源于 1952 年，"超长待机"的英女王伊丽莎白二世还是公主时期，曾经访问肯尼亚，下榻阿布戴尔国家公园内的树屋。当天夜里，英王乔治六世突然去世，王室随即宣布由伊丽莎白公主继位，第二天清晨伊丽莎白返回伦敦登基。所以有"树上公主，树下女王"的故事。

野性十足的狮子滩最特别的 Chalkley 树屋建在一棵已经 300 岁的大树上，超大号的双人床被置于露天高台。晨曦之间，在鸟鸣中与爱人赖床时，非洲狮和猎豹可能正在树下的草丛中穿梭。酒店的服务员会用非洲特有的方式把行李扛过头顶，引你到套房之中。边品尝野餐边欣赏非洲丛林的绝美日落，你甚至可以听到不远处萨贝尔河潺潺的水流声。在月色很好的夜晚，近距离观察象群的经过也并非难事。

在静谧的夜色中仰望星空，除
了能够看清南狮子星座，还能
朝偶尔划过的流星许愿。

—

www.lionsands.com/

　　同样位于肯尼亚另一个国家公园的Loisaba荒野露天民宿被称为"星空之床"。在这里，每个入住家庭都可以用直升机接送，享有独特的客房露台、非洲的手做家具和与大自然亲密无间接触的机会。在睡床上仰望星空，与野生动物为邻，在这里都不再是梦想。

—

www.loisaba.com/

法国：气泡民宿

位于普罗旺斯地区森林中的 Attrap Reves 创意气泡水晶球民俗，光是听起来就足够少女了。这里气氛幽静，晚上关起灯来仰望星空就像真的置身野外。赶上下雪天，就会有难以名状的童话感。气泡旅店的构想由法国的设计师 Pierre Stephane 提出，每个气泡直径大约为 4 米，每个人从服务台到自己的房间都有单独的路线，所以不会互相打扰。安全不成问题，隐私问题就要靠自己注意了。次日清晨，客人还可以自行领用野餐篮，在户外的私人餐桌享用纯正的法式早餐，为梦幻完美的气泡酒店入住之旅画上句号。

–

www.attrap-reves.com/

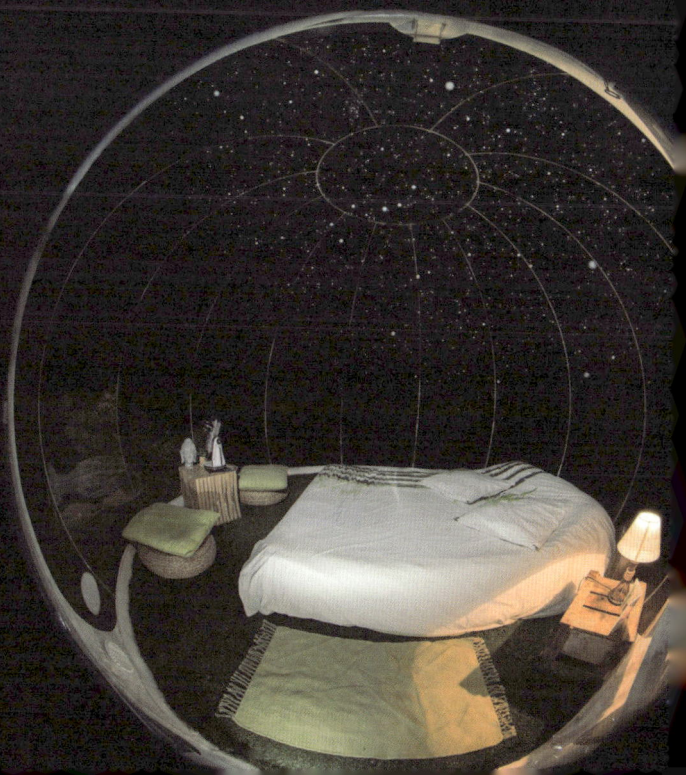

瑞典：隐形的民俗

以设计闻名世界的瑞典人，在树屋酒店这件事上也并未令人失望。位于瑞典北部的树屋酒店开始于 2010 年，计划用 5 年时间完成 24 个独特树屋的设计建造。其中，镜面树屋 Mirrorcube 是最令人惊艳的。这间每条边长均为 4 米的树屋由铝制材质构成，外观被一层薄薄的镜子外衣环绕，无论从哪个角度都能看见树林与蓝天的反射镜像，像是完全隐身在树林之中。房间可供两人居住，在这个以木色为基调的空间中，包括了迷你客厅、厨房、浴室及双人床，空间不大但五脏俱全，通过楼梯走到屋顶露台，就可以饱览四周的美景。树屋酒店群的设计，旨在令住宿体验与自然环境完全融为一体，这才是瑞典人眼中的"回归自然"。

—

www.treehotel.se/

日本：治愈民宿

日本自古有为迎接重要宾客而专门建造茶室的习惯，因为妻子是茶艺师,而热衷于建造树屋茶室的建筑师藤森照信设计了一系列小巧、充满实验性的四帖半茶屋设计,童趣十足,为他赢得了"疗愈系建筑师"的封号。

藤森照信常常以木、石、草等自然元素作为创作方式,他始终认为"人工"与"自然"是可以和平共处的。他设计建造的作品大部分都在山林野外完成,建于京都清春艺术村樱花林中的"茶室彻"是浪漫主义者理想的去处。在树屋茶室中享用一杯日式煎茶,内心体悟到的是设计师对自然的敬重和人类内心原始而质朴的情感。望向窗外与茶室比高的樱花林,内心又多了一番浪漫唯美的情致。

茶室彻建造于一片樱花林中,非常浪漫。从茶室的高度瞭望整片樱花林,该是一种不能只用漂亮形容的感受吧。世上有许多伟大的建筑,也许宏伟壮阔令人惊叹,也许精雕细琢令人钦羡,也许风格特异令人震撼,却鲜少有建筑会让人微笑,感到无比温暖。

–

www.kiyoharu-art.com/etc/

巴厘岛:原生民宿

位于巴厘岛的 Abiansemal 民宿邻近 Ubud 小镇,是一座大型的生态树屋,可以同时满足自然而奢华的游客诉求。整体上都以回归自然、融入热带丛林为建筑特色,一度是 Airebnb 全球首页的推荐。它的设计师是 34 岁的 Elora Hardy,Elora 是在巴厘岛长大的,在波士顿

上大学，并在纽约市为 Donna Karan 做了一段时间的服装设计。她 4 年前返回巴厘岛老家，创立了设计公司 Ibuku，想用竹子建造房屋推动可持续概念，创造出"让人身心舒畅且具艺术价值"的建筑。实际上，Elora 的建筑绝非普通建筑——它们是身姿婀娜的雕塑艺术品。

整栋民宿都是用可持续使用的竹子建造，成百上千的竹竿交叉盘旋，搭起了一栋六层高的建筑，活像是一片雅致而又千变万化的森林。房屋的中央是可供大家烹饪和看书的大堂，没有围墙，取而代之的是绵延的绿色丛林和几只猴子。

坦桑尼亚：水下民宿

许多入住过坦桑尼亚的 Manta Resort 民宿的客人，都认为这是他们人生经历过的最棒的体验。说是民宿，其实是一个私人浮岛，码头坐落于奔巴岛的海滩，四周环绕着郁郁葱葱的植被。管家会把自己的家人、朋友连同当地的独特风俗介绍给你。入住顶级奢华的私人浮岛是最为难得的体验，在水下卧室入睡，和鱼群擦身而过。这不是一个典型的非洲民宿，却可以带给你最难忘的海岛入住体验。

–

www.themantaresort.com/

意大利：葡萄园内的露天民宿

　　意大利伦巴第州的 L'Albereta 古堡是世界上独一无二的可享受露天套房的民宿。入住时的玻璃天花板可以手动开启，只要你愿意，可以睡在古堡里看星星。民宿坐落于意大利北部的伊塞奥湖畔，周围是一大片葡萄园。店内客房的床铺全部铺上好的斜纹丝，在露天房间内还可以闻到野生玫瑰、茉莉和栀子花的淡淡清香。同时，这里又是一家食材严格的健康农场和矿泉疗养所，你能想到的最健康的生活方式在这里都能找到。L'Albereta 墙上爬满常春藤，本身坐落于葡萄园中，更成了葡萄酒爱好者的首选休假之地。

–

www.relaischateaux.com/albereta

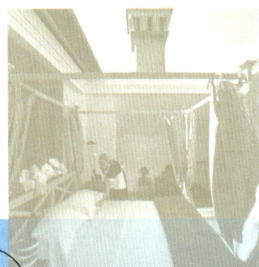

荷兰：花园内的民宿

荷兰风车之乡Gelderland的花园玻璃木屋（Charming gardenroom with woodstove）是Airbnb上最热门的民宿之一了。位于典型的荷兰小镇Ermelo，距离风车民俗村不远。房间里还有壁炉，房东总会在花瓶里插几朵郁金香欢迎客人，他还在门口挖了一条小溪，因为他的夫人喜欢听流水声。整个房子和花园都是他们自己建造的，满满的都是爱啊。住小木屋记得睡觉之前一定要把房间里的小壁炉填上满满的木柴，不然晚上会被冻醒，不过趁机看看半夜的天空也是不错的，冻醒了不要难过。

—

www.zh.airbnb.com/rooms/676006

芬兰：冰天雪地里的民宿

  Kakslauttanen 民宿坐落于冬季白雪皑皑的芬兰北部萨利色尔卡，拥有 20 间玻璃穹顶客房，它在靠近芬兰 Urho Kekkonen 国家公园的一片荒野上，这是北极圈内看极光的最好视点之一。一字排开的半球形房间已经成为当地独特的景色。在寒冷的冬季，入住民宿

的客人可以在冰雪中清晰地欣赏到壮观的极光和璀璨的星空。每个玻璃屋都配备了浴室和豪华床铺，玻璃圆顶使用了芬兰人发明的热玻璃，即使外界温度下降到零下30摄氏度，热玻璃也能保持良好的视野。除此之外，你还可以去圣诞村玩玩。

–

www.kakslauttanen.fi/

英国：《权力的游戏》中的古堡

位于康沃尔郡（Port Eliot）的灰石古堡民宿，由一栋 10 世纪的修道院改建而成，可回溯至欧洲黑暗时代的凯尔特王国。这是只在夏天才营业的民宿，在营业期间，民宿主人圣杰曼斯伯爵夫妇同时也举办文学节(Port Eliot Festival)。除了城身在草地上绵延数里外，这座古堡本身与其辉煌不再的老旧内部，作为中古风格复兴的讨论会之地，再适合不过。

2015 年，我曾经参加的那一届，伯爵夫妇邀请了三位"大咖"出席了中古风格时装秀：《权力的游戏》中的演员格温多兰·克里斯蒂；HBO 服装设计师米歇尔·克拉普顿，她曾荣获艾美奖最佳电视剧服装设计；还有杰玛·杰克逊，《权力的游戏》的艺术指导，剧中的场景，如众人争夺的铁王座、位于西班牙塞维利亚的多恩城堡与北爱尔兰的蒙恩山脉，皆出自她独特的想法，甚至也请贝尔法斯特的鱼贩提供成堆的空淡菜壳，作为另类的戏服装饰素材。

-

www.porteliotfestival.com

意大利：在岩洞里办海岛时装秀的民宿

Raya 的老板娘是著名的嬉皮文化倡导者，每年夏天，都会在海边岩洞举办自己的时装秀，模特往往就是住店客人。

www.hotelraya.it

印度果阿 North Goa: 不公布地址的民宿

Elsewhere 是一间傲娇到不公开地址的神奇民宿，源于1886年的英国殖民庄园，预订只能通过官网。

—

www.aseascape.com

中国甘南：草原上的法式民宿

诺尔丹营地是中国桑科草原上的法式混合藏式的帐篷民宿，同时也是餐厅和羊绒工场。这里距离著名的甘南藏族自治州拉卜楞寺仅有 20 多公里。

–

www.nordentravel.com

巴西：瀑布边的蓝色民宿

Yogastral 是一位法国艺术家和一名美国演员在巴西合开的民宿，以瑜伽著名，坐落在当地一座美丽的蓝色圆顶建筑里。

-

www.yogastral.org

美国亚特兰大：Secluded Intown 树屋

荷兰阿姆斯特丹：

A'dam 中心船屋

澳大利亚新南威尔士：Sugarloaf 海角灯塔

意大利五渔村：

海港内的一艘游艇

未来的民宿，
势必是领先的居住体验

　　看了那么多因为选址就赢了的民宿，我开始思考，有没有一种体验式居住可以跳出空间的束缚？威尔士的民宿达人 Epic Retreats 率先将沉浸式体验做到了极致。他们和不同的建筑工作室一起跳出空间束缚，将人"置放"在无边的大自然里，完成了 8 个可移动的小木屋民宿，名字都充满了魔戒色彩：Little Dragon、Animated Forest、Black Hat、Cabins Contain Wood Stoves、Miner's Legend，等等。

　　Arthur's Cave 就是其中一个，由建筑工作室 Miller Kendrick 创建，名字来自欧洲著名的传说——一个可能会被发现一次，但再也寻找不到的洞穴，给这个突然出现在森林中的酒店增加了神秘感。

　　Arthur's Cave 看起来只有一个紧凑型酒店的房间大小。作为 8 个小木屋的获奖者之一，设计灵感来自威尔士的古老风景，但采用的是现代的施工技术。Arthur's Cave 主要采用数控切割桦木胶合板，这种微型结构由一系列"骨头"组成，拼图式紧密固定。胶合板还被用在内部配件的固定上，比如浴缸和水槽。

　　只要有可能，整个项目都会试图使用当地采购的材料。比如，这次被用来填充镂空部分进行绝缘的羊毛，来自 Ty-Mwar；黑色的威尔士落叶松被用来作外部装饰。这个小屋里配备了小型日志炉、冷热水、由光伏电池供电的 LED 照明灯和自堆肥的卫生间。当然还有一张床、一个小浴室和一个可以坐着放空的角落。

用 4 个星期从工厂定制出来后，Arthur's Cave 可以被放置在任何一个和城市隔离开的森林里，所以客人能让自己完全沉浸在大自然中。也和这个传说一样，在住客离开之后，酒店就会在大自然中消失。

–

https://epicretreats.wales/

世界各地有关民宿的有趣数据

截至 2016 年 5 月，在 Airbnb 上有超过 200 万个民宿，数量排名前五的城市为：

❶ 巴黎，大约 7 万个房源

❷ 纽约，大约 4.4 万个房源

❸ 伦敦，大约 4.4 万个房源

❹ 里约热内卢，大约 3 万个房源

❺ 巴塞罗那，大约 2.1 万个房源

全世界非传统的民宿房源中：

5800 个民宿在船上

2600 座城堡是民宿

1100 顶帐篷民宿

540 个私人岛屿

100 个灯塔民宿

有超过 18 亿人出行住过民宿，其中男性 47%，女性 53%。平均客户年龄为 35 岁。

全世界粉丝关注最多的民宿主人不是 C 罗，而是韩国的权志龙，他提供了首尔弘毅大学旁边的德阳工作室做民宿。他在此度过了自己当练习生的时光，工作室充满了一名"爱豆"的记忆和激情。权志龙委托经纪公司把自己的实习生宿舍改成了 5 个房间，亲自迎接了 5 个订民宿的客人，并且带他们去 YG 娱乐公司的咖啡馆一起吃了晚饭。

老房民宿的设计要点是主人的世界观，

如何设计出具有个人特色的民宿，

成为独一无二的价值体现？

CHAP-
TER

2 6

人们之所以入住民宿，是为了和这个世界里超出自己生活范围的人发生关系，感受设计师甚至是民宿主人的个人魅力。通过一件件家具，把自己的世界观浓缩在一个空间里，看看他们是如何看待生活的。而每一个有温度的民宿背后，都有一个关于创始人的精彩故事。一个好故事会让人们广为传颂，也能让其在众多民宿里脱颖而出，被时代所选择。

先来说一个可能从事酒店行业的人都知道的励志故事。

普通吃瓜群众了解的是，女继承人帕丽斯从小在总统套房长大，她的裙子有多短，她被偷拍的视频就有多豪迈。但对希尔顿酒店来说，故事源于其创始人康拉德·希尔顿在 20 岁那年遭遇经济危机，被迫离家出外闯荡。一天，饥肠辘辘的他在达拉斯捡了个苹果，没有选择吃掉，而是换了 1 支彩笔和 10 张绘画用的硬纸板，开始兜售接站牌，从此慢慢发家。之后，他与地产大亨商量租用土地并请求富商出资一起建设，用 5000 美元的原始资本打造出了上百万的旅店。是的，该酒店就是著名的达拉斯"希尔顿大饭店"。而后他创立的希尔顿旅馆帝国，在世界各国拥有数百家旅馆，资产总额达 7 亿多美元。而这笔巨额财富的积累，希尔顿仅用了 17 年时间和一个苹果。

如今市值……呃，一个"苹果"？

如果你只有一间民宿，
就把自己最想完成的梦想放进去

　　或许有读者觉得希尔顿的故事太高远，自己只想用闲暇时间，把家里的老屋改成一间有趣的民宿，贴补家用，又能认识有趣的朋友。那么设计的时候，也可以从自身的故事出发。做民宿和做自己家设计不一样，完全可以理想化、场景化，让梦想可以实现。

　　上海的夏布洛尔咖啡馆，与繁华热闹的南京西路一墙之隔，每晚都播放老板刘磊自己挑选的电影。他曾经还有一个哲学图书馆，图书馆因为各种原因不再营业，而夏布洛尔咖啡馆电影院因为几年下来的熟客，一直开着。哪怕只有一个观众，他也放映。熟悉的客人数年下来都是老板的朋友了，叫他小石头。小石头其实并不小了，"70后"，开一辆Jeep。

　　电影院里找不到的欧洲艺术电影海报，在夏布洛尔咖啡馆里比比皆是，《四百击》《放大》《甜蜜的生活》《扎布里斯基角》《迷墙》……最醒目的当然是对着正门的巨幅新浪潮开山之作戈达尔的《筋疲力尽》海报。

　　小石头希望把咖啡馆电影院堆放杂物的房间变成一间民宿。他找了因为《梦想改造家》真人秀节目里设计了"水塔之家"而出名的国家一级注册建筑师俞挺帮忙设计。俞挺是个很有趣的设计师，他热爱美食，讨厌加班，疯狂地热爱上海。他的每一个设计项目，都希望业主能充分参与，突出主人在空间中的个人特色。他第一次见小石头，在他拥挤的咖啡馆里磕磕碰碰地转了一圈，看了小石头喜欢的电影、唱片、书、猫，还有旧物，问小石头，你希望打开大门，客人的第一联想是什么？小石头给设计师看了一张小津电影场景的照片，他希望住在电影里。

设计师和普通人的区别在于，设计师会归纳、抽象、提炼，普通人一般会模仿、复制。俞挺并不打算写实再现，复制本来就不是建筑师的兴趣所在。他希望用小石头日常收集的东西，用手边的材料创造一种感受的相似性即可，不沉溺于细节，在设计中和细节保持距离，在相似性的目标之间建立一种容错的机制。

他认为民宿的灵魂在于老板，那些不愿意亲自介入而一味假手他人设计、施工和管理的民宿，不过是招待所而已。俞挺向小石头解释了如何把旧物重新利用和组合，至于具体怎么做，相信小石头会努力的，因为他下决心超越自己，做一个民宿。

设计师在夏布洛尔咖啡馆民宿建造过程中的作用，更多体现在对空间的安排上，他希望在这个简单的空间中突出材料的质感。质感能给物质赋予一种持久深入的情绪。卫生间用水泥压实赶光作为饰面，水槽要用石料，龙头要用铜的，客房用稻草泥和灰浆粉饰，客房的案几用花岗岩，地面用工程钢板和回收的老地板。俞挺觉得卫生间的褪色红漆斑驳的肌理很迷人，说"那就留着"。小石头后来把漆全刨掉了，露出隐藏很久的木头，但不上漆，摸着这金黄色的木头，粗糙中有些温暖，嗯，这就是质感。

俞挺关照小石头要善用旧物，指着咖啡馆里被猫抓得破破烂烂的皮沙发说"这个就可以"。小石头立刻懂了，那日在弄堂里看见有人准备丢弃一个老柜子，立刻花 20 元截和，刨掉油漆，往客房一放，很是合衬。于是，他把收集的各种铜把手能用的都用了，反正现在住客热衷于在房间里找不同。小石头用自己收集的竹竿代替了原来设计的钢筋作为挂帘子的横档，他一边按照设计师的要求挂了棉布，一边挂了自己收藏的竹帘子。一看，效果蛮好，有人打理的旧物总是泛着时光的魅力。

从房子的北窗望去，有个杂乱的天井，俞挺原本想设计一个淋浴空间，但因为邻里的异议就作罢了。俞挺建议他还是在这里做个小小的景观，于是小石头决定利用天井的现状，地坪平整成整体，墙面略作处理，把原来扔在前院种满刺草的浴缸当作视觉中央的盆景。保留靠在墙壁上的门板和竹竿，地坪还漆成白色，因为白可以作为底色，可以把这个经过稍作修饰的日常变成艺术。

我最后去参观成品，这个设计师和民宿老板共谋的房间成功呈现了一种让人熟悉但其实有点陌生的气质，它是现实中不现实的场景，只有设计师充分理解了业主的理念并提炼加以升华，同时刺激了业主主动积极地投入塑造这个场景才能成功。是小津吗？有些熟悉，但其实细节一点也不是，没关系，你觉得是，就已经是了。

4 月底，这间在电影咖啡馆里的客房静悄悄地开放了，它孤独地隐藏在魔都中心某个咖啡馆的某面墙壁后。不过马克斯威尔·马尔兹说过，能与自己娓娓而谈的人绝不会感到孤独。

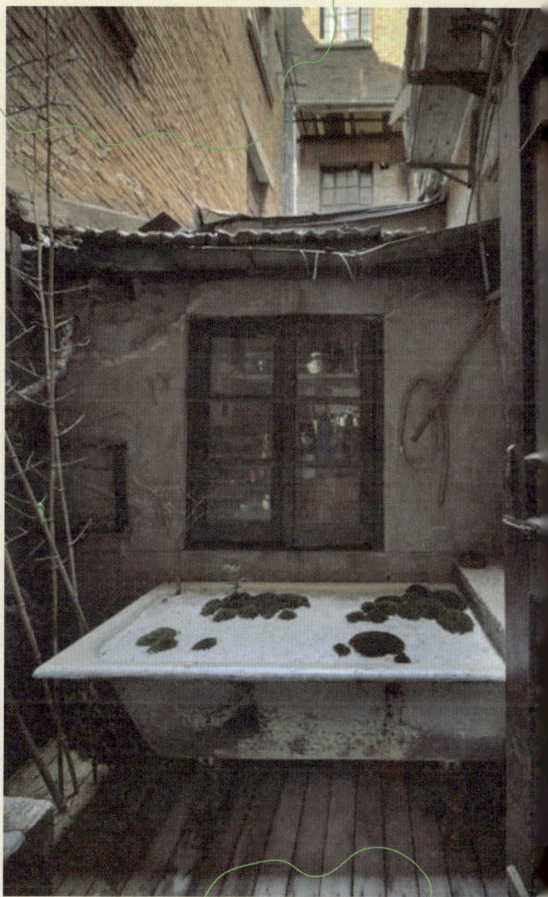

夏布洛尔咖啡馆民宿

地址：上海市静安区南京西路 1025 弄 93 号 1F

电话：021-68566873-8007

如果你和我一样需要设计很多个民宿，
并且把它当作自己的事业，
那么我们设计一个民宿
就是在用空间讲述一个故事

之前有写过我的第一套民宿，是当时我们的时装设计工作室，直接用了时装主题，加入了我童年回忆中的老缝纫机等细节。剧场民宿，用了曾经在各大剧院辗转的经历。面对之后越来越多的民宿，我开始寻找自己之外的设计主题。

而我用写故事的方法，给每一间民宿带来独一无二的特色设计。我给每一个醒山民宿的房间都取了一个美丽的名字，比如：位于北京路上的老花旗银行公寓楼，那个年代贵族们喜欢在这里举办派对，夜夜笙歌，诞生过许多媒体人、文人，具有火热的人文气息，我取名为"热岛"。老新天地的石库门把生活经营得像一首诗，我叫它"花样年华"。还有百年繁华的淮海路上的房源，隔一条马路就能相望张爱玲常光顾的国泰电影院，这里是旧法租界的中心，我给它取了一个有梦想的名字"凡响"。3个名字就是3种人生体会，如此，我们才不会失去生命的平衡，客人可以因为旅行找寻自己的坐标。

而每一栋老建筑因为地域和建造时间的关系，都会住进一些有时代特色的人。我在进入这些老房子时，会把自己想象成当年屋子的主人。这样能够帮助我更好地理解屋子的环境和应该有的氛围。所以很多时候，这些空间不是我设计出来的，是我感受出来的。

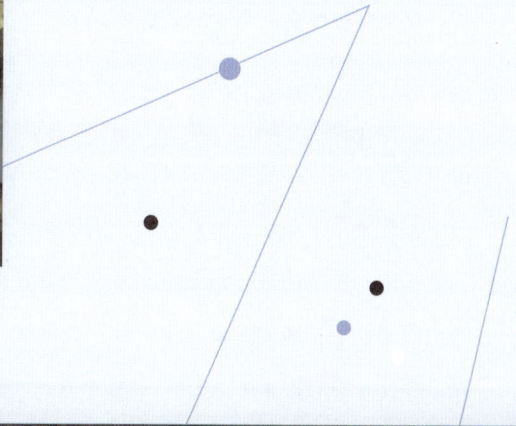

例如，我做的最有故事性的一套民宿"小城"。房源建于 20 世纪 30 年代末，采用砖木混合的结构。背靠刚刚改建成文艺生活社区的新衡山路地标——衡山坊。这是一个在老上海历史上值得一提的小区，文人墨客辈出，是《小城之春》导演费穆生活的地方，这也就是这套民宿命名的来源。

这个曾经是文人雅士的聚集地，现在成了潮咖们最新鲜的好去处。

感受完老房子独特的魅力后，我开始进行角色扮演，根据历史特点，为它创造一个故事。小城拥有一个文化气息十足的主人，年轻低调，也许是中法混血，敏感叛逆，喜欢艺术，脱离世俗。他可能会有一个风情万种的情人，是上海滩著名的舞女，也许实际上是一名女特务。但是他不知道她的真实身份，只在这套房子里风花雪月，忘却时光。经过一番对树德坊历史、环境的调研，与房子的"无数次对话"，我终于为自己的改建计划敲定了最后方案——把这里设计成一所拥有华丽的 20 世纪 20 年代风格的公寓。

我希望它能够引发人们回到历史中的潜意识，所以我尽可能地保留老房子里原来的东西，尽可能地选择最适合它的一种设计。保留下来的楼梯和老梁选材的木头为偏红色，是老上海非常常见的颜色，搭配了偏暖色的水泥墙面，用白色家具来淡化整个空间的感受，自然、舒适、整洁、高贵。这是最能体现高贵的主人和心爱的情人的秘密伊甸园。

尽可能地还原了老上海的色调与味道

我把房内的踢脚线处理得比较高。做了许多欧式常见的拱门，会有浓浓的复古范儿。恋人总有生活的小甜蜜，比如一起下厨享用晚餐。所以厨房设备一应俱全，包括灶台、冰箱、烤箱、咖啡机、榨汁机、面包机、锅碗瓢盆等。

主人一定会有一个超越全上海人审美的艺术的家，于是我就放入了一棵艺术树，实质为灯光艺术装置。楼梯没有大幅改动，就是保存下来20世纪30年代的楼梯，我们做的只是打磨掉后来没有好好保护它的居民上的劣质油漆，并上了一层木蜡油。侧面有一些我们后来修缮功能性加上去的木头，颜色与老楼梯接近。

这棵发光的树会呼吸，但不会抢你氧气

二楼次卧我分为三个区域：看书的沙发、床、榻榻米阳光房。这套房子每一个入门处都会有木头或者黄铜质地的挂衣钩，满足功能。床选择的也是麻布质地，纯粹而舒适。大环境是很硬的水泥，但是床给人温柔的感受。值得一提的是榻榻米阳光房。这个区域原来并不在房间内，是一个露天的杂物天井。我把它做成了次卧的配套区域，并且开了一个很可爱的小圆窗，带来一丝东方气质。坐在里面的人可以看到外面的楼梯，走在楼梯上的人，也可以看到一个小小的窗景。这样的设计充分体现出主人文艺的生活特质。

你站在楼梯上看风景，看风景的人在楼上看你

进入客厅，可以看到许多我这两年收藏的一些老上海人家里的东西，书架上、书桌上也都有不少，这能让大家在居住的同时感受到主人非常讲究的生活，如烟灰缸，是当时打麻将的时候放在边上的烟灰缸，这是一个老东西翻新的器物，是一种非常典型的 Art Deco[①] 的造型。

房子里有很多书，有比较简单易懂的艺术类的书籍，有"民国"作家的书，还有讲"民国"故事的书。房间里的椅子、书桌，还有二楼卧室里那把沙发椅，也是老上海的造型。沙发、书桌、客厅过道、对窗椅子，这又出现了 4 处看书区域。我会充分考虑这位主人公的行为动态，一定是自由随意的生活方式，这套房子在哪个角落都可以发呆，都可以坐下来看书。那么居住在这里的客人也可以一起做一个穿越到 20 世纪 30 年代的"民国"梦。

幻想自己是一个 20 世纪 30 年代的作家

因为这个故事表达的是温柔，房子里面所有的阴阳角都是圆角。为此我和师傅们费了不少心思，最后甚至自己发明了工具来制作。为

---

① Art Deco 装饰艺术，20 世纪 20 年代兴起于英国，最出名的是纽约帝国大厦的顶端，20 世纪 30 年代传入上海，那个时候中国建造了很多 Art Deco 的建筑，如和平饭店，边上的衡山电影院也是延续了这种装饰艺术的立面。

了使裸露的原始老旧的部分散发最大的魅力，整个客厅软硬装选择复古、简洁却极具设计感的手法，并且没有特别明显的地域风格。因为我认为那些所谓的潮流装饰，会束缚人们的生活，而这位主人一定是个远离确定性、向往自由的人。

房子不是明星，因为重点永远是房子里的主人。我想两位主人公不会一直住在这里，只在每一个重要美好的时刻藏匿于此。原来这栋房子只有三层结构，现在我们打开了顶板，做成了四层结构，多增加了这个阁楼主卧区域。因为只有天窗能看星星的阁楼才能体现出这种藏匿的隐士的浪漫感。我还增加了这个室内楼梯。想把这样空间狭小的老洋房变成一种特色，所以增加了一个过道，卧室的人可以直接从过道走到露台区域，空间虽小，却错落有致，很有趣味。

一定要有天窗、浴缸，晚霞映衬着面庞，一杯红酒，甜言蜜语，享受 SPA。连接过道处这一小小的区域是小型的衣帽间。过道处还放置了榻榻米，两个人也可以在这边小憩喝茶。露台也延续了房间设计的风格，表面一样打磨得十分光滑。

看着老洋房别致的尖顶，后面是现代化的建筑，露台的座位也足够适合举行派对，主人公一定善于交际，会请来好友开私人派对。露台的门是通透的玻璃门，这样人们在室内就可以看到外面的风景了，坐在露台的人也可以欣赏到树的灯光装置。其实我并不想生搬硬套地复制某一个时代。但我希望居住在这里的旅者能因为某一个精心布置的细节，唤起曾经的记忆，而这，便是"小城"的故事。

在一间民宿做的戏剧化浸没体验，

衍生可能性，引爆朋友圈

许多民宿，只能被称为出租房，它只是一个房间，人们来了又去，去了又来，没有内涵，没有沉淀。但真正的民宿远不止如此，我想做一种情景设定，将消费者的感情卷入，替他们去做他们做不到的事情，替他们去说他们想说的话。

根据在我们上海民宿订房的顾客的数据分析，其实有很大一部分人本身就是住在上海的本地人。他们在生日、毕业季等需要纪念的日子，又或者就是闺密想聚会，家里居住条件不适合，酒店又太无聊，往往就会选择租一间民宿。甚至也有和父母同住的小情侣，合租房子的单身青年，周末想享受一下私密空间，也会来民宿治愈一下。

尤其适合来民宿治愈自己都市病的人们，年轻人压抑的负面情绪是最容易被触发的。例如，上班族白领想说"我想逃离北上广"；大都市的实力女性会说"我不想要相亲，我想要更好的生活，幸福要自己争取"；公司小白领都想说"我想炒了老板"。还有年轻人想要表达自我会有很多标签：小清新、学霸、纯爷们、ladyboy、喵星人。

这些都市病并不是病，只是需要找到一样的人们并获得他们的认同，直观到每个个体的特点得到认可。所以我想把这些来民宿治病的故事，演绎成一部浸没式戏剧，给孤独的年轻人一些慰藉和照顾。

我们每个人心底都有一匹欲望的野马，由于现实条件或社会身份的制约，在日常生活里我们会将这些都市病隐藏起来，不敢说起，甚至不打算让任何人知晓。人们在都市的钢筋森林里伪装了许久，面对家人、爱人或朋友的要求的时候，容易妥协，就会演自己；当人们不够有信心的时候，也会放弃已经坚持的一段道路，变成演自己；当人们害怕内心被别人看穿时，我们依然会选择演自己……所以我希望打

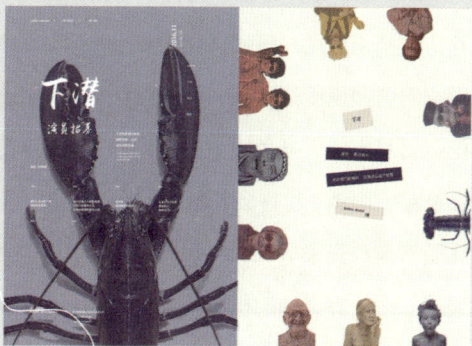

造这么一个场景，人们可以告别恼人的世界，和形形色色奇形怪状的角色一同沉浸在一部荒诞美丽的戏剧里，让熟悉的都市角落不再属于原来的世界，由他们自己决定成为什么角色。走入这部戏剧，就像潜入内心的海洋一般，所以我把这部剧命名为《下潜》。

想法初定，便选择场地，之所以选择小城，是因为它本身就是个有故事的房间，房屋历史上的文人墨客，装饰风格又带来老上海的联想。这会给人们强烈的剧情联想感，是最适合的选址。而人物和剧情的来源一定与小城这个空间本身密不可分，所以我把它的主人想象成一位年纪很大的文化人士，也许是上海黑帮一类，过着老克勤的生活，有一个文艺界的情人。剧情也不是单向输出，纯属自嗨，我们首先发了一篇文章让大家说出自己的都市病，接着我找到大学时学导演专业的同学一起讨论剧本，如何把舞蹈、哲学、爱情、表演、交互、迷幻等元素交融其内，让人们用负距离感受它。我们希望体验者的感觉就好像推开房间门门眺望衡山路外的上海和法租界的前世今生一样，讲述他们的秘密，找回自己的内心。于是在小城这套民宿里我们上演了"民国"穿越感的《下潜》浸没剧。

剧中，在五个"感官使者"的引领下，体验者对食之无味的情感、苍白的都市生活、疮痍满目的复杂心理，保持着极度敏感的研究。在真空的时间里塑造别人，解剖自己。具体来说，就是体验者完全可以把自己想象成一条鱼或者一只龙虾，从不同的角度观察、亲历。也许会被蒙上眼睛，也许会和陌生人一起跳舞，无从知晓。最大的可能是，体验者能遇见未曾谋面的自己，可以即兴跳舞或表演，或者只擅长伪装成一个没有灵魂的机器人，或者找一个角落和宇宙连接，林林总总，也许他们会产生一种错觉——我是不是不仅仅是体验者？是否在剧中也担任一角？就像是一只蓝龙虾，一直以为自己是只红彤彤的普通龙虾，然后在某时某地终于意识到自己原本有着明亮、深邃又迷人的深蓝外表，卸下面具，了解到内心深处真正的自己。

之后我们还得到了不少观众的反馈，有的人留言：都市浸没式戏剧，当了一回蓝龙虾，在都市里下潜，5 个演员对 10 个观众，觉得全程都在一对一，跟演员在床上静静躺一会儿，整个人都放空了。还有人留言：让人忘记一切的"听觉＋嗅觉＋触觉＋视觉"的沉浸式体验！有个情节是红唇美女蒙上你的双眼，在老洋房深处，在你的耳边，念《北回归线》……

所以说民宿看似在卖房间，但不只如此，还要学会卖概念。就像汽车，许多人愿意花几十万甚至上百万去买奔驰或宝马，而不是长城和吉利，是因为那些车不是代步工具。奔驰卖的是大气稳重的体验，宝马卖的是前卫时尚感，沃尔沃卖的是安全舒适。在线上卖产品也是一样，卖音响，卖的就不只是播放工具，而是一种高贵、小资的生活品质；卖菜刀，卖的不是一件厨房用具，而是对自己无条件的爱。那么通过《下潜》这部剧可以告诉大家，做酒店，卖的可不是来这里住一晚，而是平时被忽略的却对我们尤为重要的自我特殊个性和价值观的认可。

民宿设计的终极目标不是空间，

而是时间

CHAP-
TER

④ ／ ⑥

民宿经营一共分为三个阶段。第一个阶段是房源期，只要拿到自然美丽的房源。有特色的房子，改造成客栈都能赚钱，这是民宿1.0。第二个阶段是产品期，民宿主人开始关注房子本身的好坏，研究户型、园林等，这是民宿2.0。现在，当一大批爱好者进入民宿产业的时候，就来到3.0时代，迈向服务期，除了提供一间可以睡觉的房间外，民宿经营者还会提供厨房、私人影院、苹果浴等，民宿开始拼全方位的服务思维。

我理解的时间，在民宿设计里的概念分为两个层次：第一是符合不同时代，客人对民宿的需求；第二是更高一点的，一间成功的民宿，可以超越时间，历久弥新。

针对第一点，我们继续用时间来细分，每个人用于消费的时间大致都是固定的，分别分配于吃饭、睡觉、休息、购物等。但具体到每个时间点，人们的消费习惯却不尽相同，比如人们9点钟吃饭的地方和11点钟吃饭的地方需要不一样的氛围，所以民宿主人应该通过消费者不同时间段的需求做开发，打造不一样的体验感。

先来说说民宿的时代需求

如今很多人认为室内设计很简单，尤其是互联网时代步入了一个信息爆炸的社会，朋友圈满眼尽是1万元预算爆改30平方米出租屋之类的文章。"软装"这个词被大众了解之后，很多人对于设计民宿，就变成了买一套床上用品，把不好看的沙发堆满土布垫子就好了。没有那么简单，人生中87%的时间都在室内度过，室内设计直接影响我们的感受、行为。每一个空间的设计，其实都是对于人们的行为分布在活生生的时间里的考量。

住好的民宿应该就像是住在家里一样舒服自在，还能引发对于梦想之家的一些向往。所以家就是我们设计最初的灵感来源。但民宿不能只像家，还要提升一系列人性化感受，这是对生活的一种组织，它好比你的生活中掀起的高潮。

情侣度蜜月做一顿烛光晚餐，闺密聚会布置得温馨热闹，公司同事在派对上肆意喧哗，或是带着一家老小悠然度假，等等。每一个民宿的房间都代表了一段特殊的时光。而民宿设计呈现出了人们梦想中的生活状态，因此我设计民宿的口号就是"来这里做梦"。

总结起来，当今年轻群体选择民宿的目的，第一应该还是旅行居住，第二应该是派对活动。但总的来说，适合拍照是除了卫生、适合居住之外最基本的要求。

而我做醒山项目的时候，由于都是历史老宅，虽然我决定最大限度地尊重和保留老洋房里原来的美丽部位——老梁、地板、楼梯面等，但是每个空间的功能、人流走向、光线都必须经过精确的设计。

例如，我改造树德坊的房间。我面临的问题首先是光线昏暗，爱自拍的人都知道，光线是拍照主要的因素，摄影就是光阴的游戏。所以我做的第一件事情便是打通空间，将能取消的门全部取消，这样做能够让原本狭小的房间变得非常宽敞通透。由于树德坊楼层设计和普通别墅的内部构造有些许不同，每一层不是前后都有窗户，只有一面有窗户，单层的光线就显得非常阴暗。过去的人们生活在这里，整栋楼可以流动通风。但若将整个房子的楼层去掉，这些错层的窗户之间则可以形成光线的对流。因此，在重新考虑内部结构时，我根据这些窗户的位置重新隔开了楼层。将阁楼打开，把原本的三层结构做成四层。将房间、客厅、走廊全部连通，错落地形成一层为厨房，二、三层为会客厅、次卧，四层为主卧的结构。

灶台、冰箱、烤箱、咖啡机、榨汁机、面包机、锅碗瓢盆，一楼厨房设备一应俱全，充分满足家庭度假、聚会的需求。客人可以大展厨艺，也可以邀请私厨。

露台也延续了房间设计的风格。它前面是老洋房别致的尖顶，后面是现代化的建筑，露台的座位也足够适合举行派对。露台的门是通透的玻璃门，这样人们在室内就可以看到外面的风景了，坐在露台的人也可以欣赏到树上的灯光装置。

我设计的另外一个项目剧院，源于我童年时期把剧院当家的回忆，借鉴了威尼斯凤凰剧院、奥地利漂浮舞台、底特律福克斯剧院、法国卡尼尔宫、俄罗斯大彼得罗夫大剧院等世界一流剧院的设计风格，设计了一间可以属于你、我、他任何一个人的专属剧院。借用动画电影《飞屋环游记》中的一句台词来说，"也许所谓的幸福，不是长生不老，不是锦衣华食，不是权倾朝野。幸福，就是能在剧院躺着做一场温暖的梦"。

所以民宿房间的空间结构设计就需要研究分析人们在各个时间段的日常行为，充分引导客人随时随地在这里做梦。接下来，我会列举最适合拍照和办派对的 9 家精品民宿。

北京 @ 小碗：
明星们排队来拍照

改造于北京五环外一家药厂的小碗是现在最流行的综合商业空间，包括摄影工作室、民宿、轰趴馆等多种功能。主理人之一的马筱祺是摄影专业出身，毕业后在一本院校当摄影老师；哲明曾供职于奥美，替不少明星、杂志拍过时尚大片，出场费比他在小碗拍片要贵得多。

当我走进小碗的时候，看到院子里有两只喜鹊，一只忽然飞上了核桃树，一上一下地翘着尾巴。

用奇妙和梦幻来形容这里，毫不为过。这里有阳光、草坪和树荫，繁茂的枝丫伸向天空，黄叶落在软软的青草地上，中间有一座纯白色的小房子，像是从土地里生长出来的一样。

小碗的"白日梦"如此美丽，离不开建筑师曹璞的助力。说起曹璞，你可能更熟知他的音乐人身份——摇滚乐队"后海大鲨鱼"的吉他手，但其实音乐只是他的爱好，建筑师才是他的本职工作。在为小朋友设计的白房子里，曹璞引入了村落的概念。草坪被分割为几个不

同的院子，中间以栈桥相连，小朋友乘着滑梯滑下，跑上阶梯，躲进树屋，怀着喜悦的心情去探索这片空间。室内的空间也与环境融为一体，看上去自然敞亮。阳光从高高的天窗上投进室内，带来日间生动的光线变化。太阳好的时候，光斑在房间里悄悄移动，树影映在白墙上，像是一幅写意画，每天都能带给人惊喜。

开业不到一年，杨幂、王丽坤、欧阳娜娜、贾玲等不少明星都在这里拍摄过个人写真。

—

地址：北京市朝阳区三间房南里 4 号院 Dream2049 文创园

北京 @ 北平花园

除了北平花园民宿，"眼睫的毛"和先生"高高"还同时拥有三家青年旅舍、一家花园咖啡、一家餐厅和一栋北京郊区的乡居。"拼命三郎"，真的是我最初对她的印象，好奇一个瘦瘦小小的女生哪里来这么多的能量。

如约来到她在北京顺义新开的餐厅，一进门满花入眼，高高低低花繁叶茂的景象，被小小震撼了一下。再往里走，远远看见一个姑娘坐在高脚凳上，她正好扭头冲我笑了开来，"Hi，亲爱的！"第一次见到这样真诚大方的女孩，眼睛、眉毛甚至牙齿，仿佛都在笑，让人不知不觉地被温暖和愉悦包裹起来。

"爱就是当你掉一颗大门牙，却仍可以坦然微笑。因为你知道你的朋友和爱人，不会因为你的不完整，就停止爱你。""眼睫的毛"这么和我说，当时她因为矫正牙齿，缺了颗门牙。

"眼睫的毛"是一个从小光脚在青海草原上奔跑长大的姑娘，有着两排齐刷刷卷翘浓密的睫毛，因此得了这个美丽的外号。她对于花的热爱，等同于对家乡草原的迷恋。

"我很幸运，从小生活在开满鲜花的草原上，一睁开眼就可以看到雪山、白云，牛羊就在我的脚下。每年春天，你可以看到土壤从结冰到融化，到小草发芽，到草原上拥有的第一朵花。我喜欢阳光，最爱花裙子，虽然现在没有办法生活在草原上，但我可以把花朵都穿在身上。"

"眼睫的毛"说她最喜欢的花，就是开在草原上的那种小野花，是那么的自然。对她来说，大自然里的一切都是能量的源泉，支撑她远赴北京念北广播音系，背包四处旅行，白手起家开旅舍，构筑自己一个又一个花园。"眼睫的毛"的梦想很理想，可她却是一个扎扎实实的行动派。"我们开第一家鲜花主题店是民宿，特别艰难，我们都没有工作，一直花钱。我开玩笑，一万块钱就是一卷手纸，'刺啦刺啦'几天就没了。整整半年时间，最终我们找到了心目中那个美丽的房子，拥有了第一家店。"

如果你去过南锣的北平咖啡，那么你可能对满院、满房子的花印象深刻，而这印象会帮助你理解为什么"眼睫的毛"说一万块钱怎么那么不禁花，甚至一家店每年有几十万元的开销竟然是购买植物和

鲜花。

"眼睫的毛"的每一间店都是包裹在花海之中，这是她送给自己也是客人的秘密花园。不论夜里几点睡，早晨5点她都会爬起来亲自去花市买花，她把买花形容是一次次跟情人的约会，真的会有心怦怦跳的感觉，今天谁会看上她，她又会看上谁。每次买都会拉回三车，一天里她跑遍各间店一口气插完，而每年在购花和种植上的花费高达几十万元，她却毫不心疼。

"眼睫的毛"就是那种你送她个Louis Vuitton，她可能会回绝或者转送给更适合它的朋友。她笑着说："奢侈品包包我没有场合背啊，我都是去逛花市。"花上万元买一个包，和花上万元甚至更多的钱去买花材，"眼睫的毛"肯定会选择后者，按她本人的话说："我只羡慕谁的花园比我大、谁的花比我多。"

"眼睫的毛"当年开第一家民宿的钱是和家里人借来的，这是多少人

敢想不敢干的事，却在她这里实现了。她那时候不知道害怕，但也知道不能失败。

当时正值五一黄金周，店里一个客人都没有，她就自己把 12 个房间住了一遍，看看空调有没有问题，检查下床单是否干净。每天依然细心打理着院子里的花和植物，定时修剪、浇水、更换新的鲜花。她觉得只要把自己的店的每个细节都做好，做到让自己满意，就一定会有客人来，而且来了就不会走。

有一天院子里来了一对法国情侣，他们透过院墙的窗户看到里面的花园，格外好奇这是什么地方，于是走了进来。当得知是一家青年旅舍后，两个人就决定住下。这是北平青年旅舍的第一位客人，"眼睫的毛"当时就很自信地认为他们一定会留下。在后来的两周时间里，这两位客人把这里的照片晒到了国外的网站，接下来神奇般地陆续来了很多外国游客住店。

这次采访，"眼睫的毛"半夜给杂志社找照片，翻到了她第一家民宿的照片，距离第一家旅舍开业马上 10 年了，她给我们发微信，写道："看到这些照片，开业前的点滴都是那么清晰，像一部老电影在脑海里回放，清楚地记得每一位客人的脸庞。帮我把旅舍照片放在国外网站上的法国情侣；帮我给院子鱼池里换水的西班牙男生；接待的最帅、最阳光的 3 个丹麦的聋哑男孩；帮我一起打扫客房的意大利女生；帮我和客人吵架的英国男孩；还有年龄最大的法国老奶奶，已经 83 岁了还自己出来旅行，记得她从故宫回来，汗流浃背的，我请她吃冰西瓜，给她煮绿豆汤，担心她中暑，晚上老奶奶和我在院子里聊天，问我可不可以陪她喝一个冰啤酒。我也希望自己 83 岁的时候，还可以自己去别的国家旅行。这些熟悉的每一张面孔都住在我的心里，等有一天空闲了，可以写一下曾经住过我们旅舍的那些最可爱、最有趣、最浪漫、最有爱的客人！"

—

地址：

北平咖啡（南锣店）：北京南锣鼓巷 113-2 号

北平咖啡餐厅（祥云店）：北京顺义区安泰大街中粮祥云小镇南区 4 号楼 106

北京国际青年旅舍：北京南锣鼓巷 113-2 号

北平小院青年旅舍：北京汪芝麻胡同甲 28 号

北平北京站青年旅舍：北京八宝楼胡同 12 号

我的北平花园：北京西城区西南大街小院胡同 15 号

上海 @ 荣德生故居

　　经过重新翻修与设计，这套位于长乐路华山路口的百年老宅很有情调。话说这套民宿曾是李鸿章送给著名资本家荣德生的礼物，年代追溯到晚清。内部以白色为主要基调凸显品位，阳台有超大落地窗，采光超级好，适合闺蜜们盘腿坐在地毯上分享八卦与美食。房间同样宽敞明亮，高床软枕，暖暖的壁炉，最适合姑娘们晚上敷面膜，品佳酿，说说心里话之后几人便可倒头进入梦乡。房子周围还呈现话剧中心、武康路等充满情怀的法租界光景。

—

大概地址：长乐路 1242 号

上海 @ 为乐精舍

这套小公馆位于法租界的为乐精舍，是 1934 年一家法国洋行的手笔，以前叫 Wilow Court，曾经的上海滩四大公寓之一。经过房东的一番精心设计后，这里成为一家充满混搭风的民宿。原木家具让公寓充满禅味儿，但皮沙发又充满德味儿。最大的亮点是这套公寓有个圆弧形的大阳台！可以俯瞰整个法租界，满满的优雅感！白日时，大把的阳光洋洋洒洒地落在屋内，最适合姑娘们聊天聚会了。而且内置 PS4，闲不下来的姑娘们可以在这儿一决高下！复式的上层是床位，厕所神级的干净，还提供免费的换洗浴巾、床品、咖啡和茶水。到了晚上，Marshall 音响可播放自己喜欢的音乐。闺密的一天就这样慵懒地度过啦。

.

—

大概地址：复兴西路

上海 @ 花样年华

　　这栋叫作花样年华的独栋 Loft 坐落于 K11 附近，分上、中、下三层，保留了老宅的木楼梯和超大露台，内部却有着不一样的西式风情。淡绿色的整体色调让整个人都放松下来，我专门挑选的复古的座椅与别致的箱子、茶几充满复古感，是个人认为最适合闺密聚会、聊八卦、一起喝香槟、做美容的民宿。房子里有烤箱，可以让有娃的闺密们带上孩子，一起来一场烘焙派对。还自带复古留声机，是不是觉得情调满满呢？房内还提供一把木吉他，附近有复兴公园、思南路，绝对是有娃的妈妈们培养孩子艺术情操的好地方啊！

—

大概地址：成都南路

上海 @ 百年英式洋房

　　位于上海法租界复兴西路与高邮路交叉口，这座由两个英国兄弟建造的百年英式洋房便隐匿于此。房子有着其他老洋房所不多见的木质结构，充满浓厚的都铎情怀。适合最要好的哥们儿三两小聚，埋在老派的真皮沙发里，读着房东典藏的书籍，聊聊世界与自己，品一支雪茄，来一杯单一麦芽，埋入原木香气的大床安然入眠，这是何等的舒适呀！而且这满是情怀的老房子，还可预约早餐与私厨料理，真的把 B&B[①] 的两个 B 都完成了。

—

大概地址：高邮路 5 弄 15 号

① B&B：全称 bed breakfast，指一种含过夜床位和早餐的民宿。

上海 @ Shan's house

　　这里位于汾阳路，毗邻瞿秋白故居。适合小型"轰趴"派对，还可以办小型展览哦。大概 150 平方米吧，据说有很多部影视剧都在这里取景。房子的阳光玻璃房里突发奇想地装上一个印第安帐篷，好闺密们就可以窝在这里讲鬼故事或者夜谈；也可以看看天窗外的星空，感受一下自然。房内有可以泡澡的独立浴室，也有淋浴房，适合各种姑娘。宽带、家庭影院这些都是必需的，洗护用品提供的是欧舒丹的。

–

大概地址：汾阳路

上海 @ 凡响

　　这是当代著名设计师 Ano 近期设计的 3 套风格迥异的法租界小洋房之一——"凡响"。离 IAPM 很近，虽坐落于市中心，但闹中取静。这儿保留了老宅独特的木梁结构，加入了自己的设计灵感，让整个房子充满着森林气息。特别是在暖洋洋的春天，充满阳光的露台绝对是懒妹子们晒太阳的最好场所。

—

大概地址：淮海路

感性思考的背后，往往需要理性的计算与执行。民宿实际上想表达一种梦想化生活，无论是位于城市还是自然风景区，无论是时间还是季节，人们都能在这里享受自我，释放自我。例如，坐落于别尔根山上的瑞士 Villa Honegg 五星级民宿，其最大的特色是室内外连通的无边天然温泉泳池，无论外面温度几何，是否冰封，池中水终年恒温 34 摄氏度，宾客能够泡着温泉，俯瞰美丽静谧的卢塞恩湖。客人还可以拥有自己私人的电影院，随时随地享受大片。这处有着雪山背景的无边泳池，也是 INS 上网红拍照的热门地点。

超越时光的民宿

到这里的时候，我最初想到的例子，全是房源本身已经上百年历史，那么住在里面，我们更多的是对历史的敬畏，对于设计本身，并没有太多期望。然而我要郑重推荐，去年才拿了建筑界"奥斯卡"大奖的一家非洲民宿设计。

在见识到这个令人惊叹的项目之前，我无法想象在非洲大草原上建造一个奢华的度假酒店，周边还有时不时出没的大象、狮子和长颈鹿，并且，整个项目能源消耗带来的影响极低，对生态的破坏被降到了最低，属于绿色、可持续、自我维护的建筑。

在传统观念中，好像在自然环境中建造一个精致的旅舍并不符合可持续发展的理念，但是博茨瓦纳奥卡万戈旅舍却告诉我们，一切皆有可能。Nicholas Plewman 建筑事务所和 MBA，在博茨瓦纳共和国西北部的奥卡万戈三角洲地区，让建筑尽量和周边环境融为一体，同时也没有忽略建筑内部的高舒适性和深层次的空间感受。

奥卡万戈河谷是非洲最丰饶的地区之一，在 2014 年被联合国教科文组织列为世界文化遗产。由于这片土地有着与众不同的价值和意义，对这里的开发和建设一直被政府严格控制。

建筑的整个形态类似于动物收容所或者一个温暖的巢穴，而旅客就像是被庇护其中的动物，感到温暖而安全。在设计这个复杂结构的过程中，设计师面临着一系列问题：主体框架必须被切割成三个部分才能通过艰险的非洲草原运送到指定的场地。好不容易运送到位，木材又因为运送途中的压力或者自身重力原因发生了弯曲，导致三个部分无法拼接在一起。这个时候如果丢弃这些材料不仅会造成成本的增加，而且等待新的拱形木材到来又会延误工期。

最后，建筑师决定用大型圆锯在现场对框架进行重新切割。最终综合体 90% 由木材组成，而且大多取材于当地，从框架结构到室内设计，用到了好几种木材，例如松树、杉树、桉树以及铁线子实木地板。该项目的所有建筑材料是生物可降解的，70% 的电力来自可再生能源。

尽管这里远离现代文明，但是建筑自带一个自给自足、绿色环保、可以无视时光、自我持续发展的供能系统。

–

https://www.okavangodelta.com/

材质是一切的根本

CHAP-
TER

⑤ ⑥

刚刚开始做设计，我们总会犯一个错误，把所有自己喜欢的都堆积在一间民宿房间内。效果呢，只能是又贵又乱，除非你要走的就是脏乱嬉皮范儿，不过，请相信我，中国国情不太接受这种设计风格。

材质是尤为值得重视的一种设计语言。因为我们所在的世界就是由无数材质组成的，事实上，我们也正是通过对这些材质的认知在探索着世界。通过眼睛的视觉和皮肤的触觉，多少都会引发我们的一些回忆。毛茸茸的地毯代表着柔软的感觉，金色金属代表着高贵和复古，粗木代表着大自然的气息……即使人们有着不一样的面庞，来自不一样的家庭，但看到不同材质引发的感受是一致的。除了视觉、触觉、嗅觉等直观感受，我们还可以从材质里面感受到无数的细节，带来更多的感官体验，而这些往往会传递出浓浓的幸福感。所以，设计师需要去感受材质，就像是在诉说一个故事。

例如，泰国航空公司休息室，其为头等舱休息室选择材料时，首先在走廊处选择了缟玛瑙，这是一种取自泰国当地的天然物质，它非常坚固，经得起多人使用，也不会被各种行李箱磕坏，但缟玛瑙价格偏高，所以在大厅处选择石灰石以平衡开支，并奠定基调。沙发使用马海毛，这是一种非常体现天鹅绒质感的材质，耐用、奢华，且能平衡缟玛瑙的坚硬和石灰石的冷色调，并在表面带来了一些形式上的自然和触觉上的华丽感，基座采用黄铜协和设计等，材质的选择并不仅关乎美学与设计，更关乎创造一个让人们感到更为舒适的环境。

又如，我最喜欢的上海璞丽酒店，酒店设计及材料的运用，巧妙地将中国文化融合其中，使新旧感受并列且同时呈现出东西方文化交融的独特风格。汇聚中国古老元素与现代工艺科技的璞丽酒店使用了通常被用在建筑外墙的上海灰砖作为内部装修建材之一，营造出建筑的特殊美感与功能，酒店大堂的特殊地砖是由北京紫禁城修复工程地面建材的同一厂家所提供，并耗费很长的时间专为酒店精心制作的。大堂休息区特制的中国青石桌上是精美的陶器摆件和书香味浓郁的线装《红楼梦》画册，在廊柱上画作的陪衬下，更添几分书卷气息。书廊的装饰也秉承中西结合的风格，藤编座饰、线装书本等中国传统元素与壁炉等西式元素巧妙结合起来，营造出轻松舒适的阅读氛围。房间内部的卫生间、洗手盆采用青砖材质，糅合中国文化精粹，床的背景墙采用缝隙小而紧致的亚麻布，透气清爽、柔软舒适，而每间客房内部随处可见的龙麟纹木雕屏风与铸铜洗脸台再度带来了中西文化交融的独特感受。

所以在设计宁波书房酒店的时候，我们首先考察了这里的地理位置，其位于历史悠久的宁波天一阁边上类似于上海新天地的月湖盛园，区别是这里灰墙墨瓦，"民国"风更加朴质，适合表达一种低调的文化感，所以材质上主要选用有些粗粝的水泥、老上海气息浓厚的撞色海棠玻璃、各种实木，还有书，用这些自然材质，很容易保持粗糙的质感，恢复自然原始的色彩，同时我们也非常注重绿植给人的感受。而现代的客人心态年轻，审美要求高尚，所以我们在书房内部也加入了不少当代艺术的元素，突破禁忌又显得高级，风格是各种不违和的混搭。

所有房间的大门没有选择传统的门，而是选择用书柜作为开门的方式，就是用身份证扫一下书本，书柜便悄然打开，隐藏的房间显现。

17 间客房风格不尽相同，但无论是明黄还是热情的红色，头层牛皮沙发、工业风的水泥墙、复古的落地灯与床头柜是不变的"民国"风。而隐藏于各个角落的老式皮箱、铜扣拉手等"民国"老物件，更容易让客人产生一种代入感，还以为是到了那纸醉金迷的 20 世纪 30 年代。

设计需要把握时代趋势

6 6

不知道各位想开民宿的人有无经营经验，对于人们日渐变化的消费趋势有无了解。自古以来人类的审美、体验与消费无不具有那个时代的特点。几年实际运营下来，我觉得这个时代的酒店消费观主要有三个特点：

❶ 住店意义。现在社会酒店、宾馆、民宿、旅馆比比皆是，客人基本"住"的需求很容易实现，所以如今更注重的是住的意义。

❷ 消费年龄年轻化。虽说不同年龄层次有着不同的消费心理，但现代消费年龄已经越来越不匹配真实年龄，而是整体向青年一代靠拢。

❸ 审美水平变高。在物质相对富余的当下，审美水平和要求大幅提高，个性化与多重需求并存的人们开始不断突破禁忌的想象力和可能性。

首先来说说客人住酒店
所追求的意义吧

这两年最火的词就是"消费升级"，在人们的物质追求和精神需求都快速上涨的时代，好像每一个人都变成了多面的人，全世界的人也都展现出越来越丰富的需求层面。所以在产品功能很容易被满足的当下，人们已经开始考虑消费的意义。比如过去随随便便买个插座，而现在却要买颜值和功能齐备的插座；原来吃饭果腹就行，现在会考虑各种口感、店内装修、环境氛围……

所以现在很多消费者，既注重功能，又关心情感、社交属性，还要在消费中体现精神层次、价值观层次，有些甚至还会考虑消费对环境、对社会、对别人、对世界造成的影响。而一个让人居住在这里的酒店必须考虑所有方面。这也就是为什么越来越多的酒店开始注重品质的提升。

同时，消费升级带来了线上、线下的融合大趋势。现在互联网发达，信息透明化，消费者的需求也会趋于理性，很容易将各个酒店作对比。但消费者也会感性消费，他们在消费过程中会寻求一种关联度，寻求自己与别人或与自己的一种关联，现在"体验式消费"很火，原因就是如此。据研究报告发现，体验给人带来的幸福感，甚至已经高于物质的购买。

中国"泛90后"这一代人，大多是独生子女，情感孤独。他们希望通过消费可以和有相同爱好、类似趣味及价值观相符的朋友进行更深层次的情感沟通。进一步地说，就是希望在消费中能在价值观或是道德观层面的需求上达到"自我实现"的目的，渴望一种参与感。比如，很多消费者想知道酒店创始人背后的故事，设计师的灵感来源，建造酒店采用的材质，员工待遇好不好……而我也经常被问到类似于民宿短租市场好不好的问题。所以说酒店若想达到好的营销效果，就得先学会公开更多的信息，让这些消费者参与进来，以满足他们精神层面、价值观层面、道德观层面的需求和认同。

其次说说年龄段的趋同

有一个非常有趣的现象正在我们身边发生，就是老年人在生活方式上正在"破坏老龄化"，消费年龄与实际年龄越来越不符，开始追求年轻态。有一个叫"高于50岁"的网站在中老年人中备受关注，网站内容包括了家庭、美容、约会、健身、创业、旅游等各个方面，而这些，听起来是不是更像年轻人关注的东西？过去人们都是接受教育、开始工作、老了退休。但现在，越来越多的中老年人尝试继续教育并且找份新工作。而且，社会上也不乏专业机构专门帮助中老年人开启新的职业生涯，像美国高盛银行、英国巴克莱银行，均给65岁以上的潜在员工提供了"学徒制"的工作模式。

还有一个现象是越来越多的儿童消费者能做出消费决定。尤其是年轻的中产家庭，父母非常希望培养一种平等的亲子关系，所以会给孩子更多的权利。小到去哪里吃饭，大到买什么款式的汽车等消费决策，父母都倾向于征询孩子的意见。这样，儿童在年幼的时候，就开始扮演成年人的角色。尤其是在游戏领域，这种趋势表现得很突出。比如世界上第一家面向儿童的职场体验公园Kidzania，让孩子在里边自由扮演各种各样的社会角色，体验成年人的生活世界。这个公园备受欢迎，目前已经在全球近40个国家建立了分支机构。

最后我们来讨论一下
这个时代人们的审美特点是什么

　　那就从最初说起吧，在远古的时候，人们对于比自己强大的自然界是抱有畏惧的，认为有神的存在，而为了区分神和平凡的动、植物，他们开始画图腾，后来逐渐演变成了系统的神族，也就是我们现在常说的古希腊神话。所以那时候的艺术——古希腊神话里的神——都有各种人的原始欲望，比如古罗马神话的乱伦和雕塑上身形优美的俊男靓女等。到了中世纪，因为基督教的兴起人们开始禁欲，于是大家开始严肃地画上帝，大多数画也都在教堂里。所以中世纪的审美不强调客观写实、不表现欲望，强调的是精神世界与对上帝的敬畏，这种审美持续了 1000 多年。后来文艺复兴伴随着科技革命的到来，人们的生活也逐渐富裕，不再想过清规戒律的生活，就开始解放天性，借神的名义画欲望的神，来表达人性的基本欲望，比如提香画的诱惑的女神维纳斯。而后技术革新，交通与思想也逐渐打开，人们开始画肖像、风景和各种身边的事物，如莫奈的《日出印象》。20 世纪的人们倡导美学回归生活本身，出现了各种纯粹的感性主义作品，例如杜尚的小便池。当代艺术也继续秉承了这一特点，然而当代艺术的形式空前丰富，人类美学史上所有涵盖的形式基本囊括于此，就好像几千年的时空融合在了一起，任何一种特点的美都有其存在的空间，神性与理性、生活与日常、人性与欲望都同时存在，当代美学似乎进入了一个更高的维度。

当代社会的人们需要越来越不可思议的事物出现，每一个消费者都在期待新的可能性，以及挖掘血液新鲜的自我。而科技的飞速发展也赋予了人们越来越强大的能力去制造、去实现、去创作。正确地认识美学，就等于发现新的可能性。

PART 4

从民宿小白
到明星房东

现在的民宿很火爆，如雨后春笋般冒出来，大家都会特别有自信和幸福感地开始这件事情。原因很简单，因为这个市场看上去好像在说，做民宿、赚钱、门槛低，有个闲置房源就可以拿来搞这等美事，上手快，回报高，做自己想做的事，做自己的老板，再也不用朝九晚五打工，在职场钩心斗角，终于可以天上人间、镜花水月地生活了。

老牌的携程民宿，链家旗下的自如、途家、爱彼迎、小猪短租等，层出不穷的民宿平台也在争抢好的民宿入驻。

但是我们这几个进入民宿行业较早，两年前，我都不知道自己做的这个叫民宿，没有任何定义的时候，我们不知道未来，不知道民宿会火，做这个到底几年回本，什么人会来住，有没有人会接受并喜欢上这样和酒店不太一样的形式，我们还莫名其妙地变成了网红，我们随心而做的事情竟然成了行业标杆。我们连这样的梦都不会做，因为这对我们来说并不重要。但我们有一个共同之处，就是当时我们只知道我们想要过什么样的生活，完全不顾旁人的质疑，就这么干了，我们做的就是我们自己特别想要生活的地方，甚至想，这辈子就这样纯粹地生活下去就好了。我甚至没有想过我们要去为了别人做些什么，或者满足多少人的需求等的商业考量。我只是告诉自己，我就做我喜欢的东西，我一定会吸引来和我相似的人，和我一起享用这样一种生活方式。

作为初入行业的大多数人，和我当年一样懵懂无知，如今的民宿市场竞争又比两年前激烈了很多。我想用爱彼迎超赞房东的一个故事来和大家说一下，如果你是一名兼职房东，如何打理自己的民宿？

如何做到两年赚进 25 万元？

CHAP-
TER

(Ⅰ) (4)

超赞房东不是 Airbnb 上那些拥有超级美民宿的房东，这两年获奖者的房间我有翻看过，基本设计平平，但因为服务获得了大量的金钱回报。

硬性要求如下：

❶ 体验：一年中至少在其房源完成 10 次住宿预订。

❷ 兑现承诺：兑现已确认的预订——他们很少会取消预订。

❸ 高回复率：快速回复房客，回复率维持在 90% 甚至更高。

❹ 五星评价：收到的评价中至少 80% 必须为 5 星评价。

我选择了位于曼谷的 Kelly Kampen 的民宿作为例子，一看照片，是不是超级失望？这和我们之前列举的所有民宿都不在一个等级，但他们两年获得了 4.2 万美元的收入，折合人民币大概 25 万元。

Kelly 住在曼谷，这是全球第二大热门旅游地。他在 Airbnb 上出租房屋，累计接待了来自 70 多个国家的 700 位房客，收入总计达 4.2 万美元。他出租的是个三层四居室的房子。一层有一个客厅和一个厨房；二层有三间卧室，包括主卧和小客房；顶层是另一间大客房。

　　早两年，他刚刚搬进曼谷的这个大房子后，一个朋友询问他是否有地方可以让一个来自旧金山的朋友居住。那个朋友正是美国企业家 Bowei Gai，当时正在编写《全球创业报告》，他鼓励 Kelly 应该把空闲的屋子放到 Airbnb 上。

　　开始的时候，Kelly 和其他人一样，既怀疑又感兴趣。难免产生这样的顾虑："谁会租我的房子呢？安全吗？我本人从事科技创业，我也听说过 Airbnb，但是从来没想过把自己的房子放在 Airbnb 上出租。"

　　最开始，Kelly 只出租顶楼的单间，他拍摄了一些蹩脚的照片，填写了网站上相关信息的表格，最后定价 19 美元。没想到几天后，他就收到了第一份询问信息，是来自里约热内卢的 Johnny。Johnny 起初在 Kelly 这里预订了 3 天，但是最后他整整待了 1 周。因为他本人也是 Airbnb 上的房东，所以他给了 Kelly 很多帮助，一起把房屋修整了一下——Kelly 买了一个小型电冰箱、一面大镜子，而且在墙上挂了一幅画，此外还买了其他一些小装饰品。Kelly 的第一次出租感觉就非常棒，这也奠定了他以后和租客交流的基调。

　　在 Airbnb 平台上出租房屋的这两年来，Kelly 学习到了不少东西，就像当年 Johnny 帮助他一样，他也希望将经验传授给其他人。

（1）拍照

以前，Kelly 都是用 iPhone 拍照片，那个时候他觉得手机拍摄的照片就够了。但是自从知道 Airbnb 之后，他发现需要一位专业摄影师为他拍照。这样做真的有效果吗？当然，马上就有很多询问的信息。这一点，我们在后面一节具体讲。

（2）干净

这一点再怎么强调也不为过。把房间打扫干净非常非常重要。Kelly 一直对自己的要求是宾馆级别标准——在宾馆预订房间的顾客，他们的房间每天都会打扫。"我也确保房客的房间每天都是干净的，即便他们在房间里，也会打扫。"

居住在中国，我们有一个优势，就是小时工很便宜，有不少平台还提供布草的服务。

（3）热情待客

每次有新房客入住时，Kelly 会尽量与他们见一面。但也不是每次都能见到他们，因为如果手上有好几套房子，又或者兼职。

"如果客人入住时，我没能亲自欢迎他们，我会确保在他们订房的时候就收到我整理的房间使用说明，明确提供哪些服务、哪些是不可以的。"之前上海民宿房东和租房间拍电影的剧组发生巨大矛盾这样的新闻事件，在我看来完全可以同时提前沟通做到规避。

如果在老洋房、胡同这样邻里关系密切的地方做民宿，提醒客人不要打扰邻居是非常重要的。

实践证明，和客人积极沟通能产生积极的影响，这在他们的评价中可以看出来。

（4）价格

如果你刚开始进驻民宿平台，我建议你对前 3 ~ 5 个订单价格减半。房客会给出积极的评价，这样会有更多的人愿意租住你的房间。在你已经积累了很多积极评价后，可以提价。当积累了一定的知名度之后，可以搭建自己的订房系统，如微店、有赞等，已经成为醒山订房的最大来源。

（5）门锁及钥匙

电子锁是最方便的，完全可以做到云管理。如果可以，在民宿门外安装一个摄像头，在保证客人隐私的情况下，可以避免很多纠纷。

（6）舒服的小物件

小物件起着重大的作用。Kelly 的每间待租房间都安装了一个小冰箱，他在冰箱里放置各种软饮料、水、可乐、巧克力，以及其他小零食。另外，他在热水器上还放有咖啡和茶叶。在浴室里，保证洗漱用品够用，放置多余的牙刷、牙膏、香皂、小瓶香波、护发素，还配有一个吹风机。

（7）门吊牌

Kelly 买了很多双面的门吊牌，房客可以挂在他们门外。门吊牌上写有"请勿打扰""请进""离开"等，这样我就可以马上知道什么时候打扫房间。

（8）及时回应

各个民宿平台会给排在前列回应及时的房东以奖励。当然这对你也是有好处的，如果你回应慢的话，房客可能会转向其他房源。相反，如果你回应很及时的话，就有可能拿下更多订单。

（9） 评价和信任

民宿社区是建立在信任和反馈的基础上的。如果你刚刚入驻一个平台，你是没有任何评价的。下面有两个小建议可以帮助你赢得早期几单的好评：

❶ 成为认证用户：最起码要使用真实的照片、邮箱地址以及电话号码。

❷ 邀请朋友推荐。

在房客离开后，房东和房客都被要求在 14 天内，评价本次居住体验。Kelly 在房客离开的那天，都会给他们发邮件，一是感谢他们选择居住在这里，二是请求他们写下好评。身为房东，如果你尽到自己的责任，那么得到好评便会轻而易举。每次 Kelly 完成自己的评论后，就会马上给他们发邮件，让他们知道。从某种角度上看，这有助于下意识地劝说他们做出好评。

拍照是成功的一半

网红见光死这件事，大家都知道了吧？每一个网红成功的秘诀都不复杂，只有一件事情，那就是拍照。而民宿想要成为"网红"也是同样的道理。

给空间拍照，比自拍和拍菜品稍微复杂一些，我列出了六个原则，分别是惊喜、曝光、引导、瑕疵、亲近、后期。下面我就依次说一说。

第一个是惊喜。简单来说，惊喜来源于创新和独特性。如果你的照片里没有独特的、创新的东西，没有那些能让人感兴趣，并且留下深刻印象的东西，对看这张照片的人来说，就没有惊喜。所以最好不要模仿，或者按照过去的陈旧规则去做，你要找到自己独有的特征，然后把它展示出来。尤其是拍局部细节，就是要抓住某一富有特征性的部分，做集中的、精细的、突出的描绘和刻画，而特写需要关注时间性，一天中哪个时间阳光最好、风吹过、树影最动感，都需要考虑在内。

第二个是曝光。曝光有一个很重要的内涵，那就是真实。如果民宿的照片和实际不符，有着巨大反差的时候，很容易得到差评。就像网红从一开始就选择充分展示自己的生活，这让她能在展示真实的自我的同时更轻松地做自己，让人很欣赏她，也更能容忍她犯错。所以我拍摄民宿照片主要分为内景、大全景和民宿主人与其团队小伙伴的照片，而拍的时候不需要刻意清空东西以凸显干净与空间感，而是按照现场直接拍摄，显得真实，富有代入感，而且现场和照片给人的感受有区别，现场要丰富，照片只需要重点。这种真实可以让客户看到

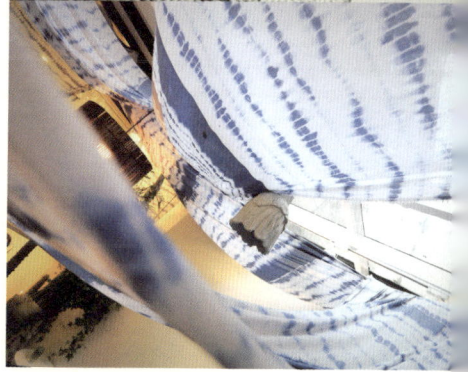

民宿主人是在用心经营，而不是硬生生的、标准化的、机械式的酒店，能与客户拉近距离。

第三个是引导。想成为一个新时代的网红民宿，你需要通过照片塑造一种文化观念与生活方式，只有这个被人们接受，你才能有更为深远的影响力。有大量的客人会租我们民宿就是为拍摄用的，那么愿意花精力去拍自己的人一般不会难看，我们会在协商后请他们留下照片，给更多的未来的客户看，这些照片是最真实的买家秀。

第四个是瑕疵。没有人是完美的，所以也没必要假装完美，相反，充满缺点反而可以很有魅力。所以你不要试图追求完美，瑕疵本身就是你的独有特征。用书里的话来说，缺陷是一件创新性的、醉人的、激发兴趣的事情。完美本身就是一个谎言，比起喜欢这个谎言，人们更喜欢去打倒这个幻象，扒皮，然后踩在脚下。比如，有一部电影《喜欢你》，就是在法租界取景，其淋漓尽致地展现了武康大楼的市井生活，周冬雨走过邻居家客厅来到风景最美的阳台和金城武一起看日落，也许有一丝吵闹，也许有一丝凌乱，但却烘托出弄堂里最有人情味的生活。

第五个是亲近。这里要了解两个内涵，一个是定位，另一个是互动。定位的意思是说，民宿主人不可能让所有人感到有亲近感，只能让一部分人感到亲近，那你就专注于给这一部分人提供价值，而不是去想着改变自己，去迎合更多的人，这样你可能会失去更多的粉丝。

互动的意思是说，大家并不希望民宿主人是一个没办法沟通的人，而是希望你是一个能交流互动、热情友好的朋友，也就是说，你要让你的粉丝有"参与感"。所以在拍人物的时候，民宿主人就应该把客人和自己的员工当作网红来拍，不断地收集他们的各种照片，留住那段已经发生抑或逝去的美好时光，这种个性化的主人往往会透露出一种幸福感，很容易吸引来粉丝也更容易被记住。

第六个是后期。说白了，就是 PS，在我看来，修图几乎和前期摄影的重要性占比相同，但后期服务于前期，最重要的是不能用力过猛，失去一张照片的真实性。修图的第一点是截图，由于拍摄时的镜头与位置等因素，很容易出现拍多了的情况，这时候就需要截图，把一些不重要的东西都截掉，然后拉伸透视，把它变得很正，富有空间感。当然，如果前期用广角镜头或是移轴镜头拍摄，那样就更富空间感。第二点就是亮度与明度，做过摄影的或者室内的都知道，想给一个房子拍照是需要一个好天气的，但室内仍然会有一些角落亮度较低，甚至产生噪点，这时候就需要后期手动地提亮去噪，因为空间是需要给人一种明亮的感觉的。第三点就是调色，无论是艳丽、温暖、阳光、素雅抑或是其他风格，都能强化照片里民宿的设计特点。

民宿可以是单独出现的，

也可以是和任何商业嫁接的

CHAP-
TER

③ ④

中国的民宿基本只做到了 B&B 的第一个 bed，也就是休息的地方；第二个 breakfast——早餐，基本没有人做到。这提醒了我，其实吃喝玩乐、衣食住行可以是有机融合在一起的，如我们之前提到儿童写真馆里的民宿小碗。我在这一节，介绍几个巧妙地寄居在别的商业空间内的民宿，或许能带给你一些闪光。

面包会有的楼上

那是今年春天，某个还没有柳絮的下午 3 点，我们在北京市中心幸福一村的街边，这里有着北京难得的单车道，找到了李迎的店。树荫洒在红色手工墙面上，黑白双色"面包会有的"的招牌简单打眼。在进入店铺之前，玻璃上的一行字吸引了我们的视线——"Not much bread left for today, but coffee（今天我们的面包基本售完啦，现在是家小咖啡馆）。"

推门而入，满满的面包香气，果然，面包架上只剩下几个孤零零的面包，老板娘李迎亲自站在收银台后欢迎我们。说是收银台，但是台子上堆满了雏菊、威士忌、杯子架……还不如说更像朋友家的客厅。面包已经基本卖完，但是店里并不冷清，各种肤色和身份的人，聊着天喝着咖啡，有周围大使馆下班的老外，也有刚刚放学的孩子。

为了方便采访，我们来到面包店楼上的"家"——李迎心中品牌的核心——民宿。她说想要让住在这里的幸运儿每天早上都能在刚刚

出炉的面包的香气中醒来。

说到为什么想要开一家面包店，李迎给我们讲了一个很长的故事。

2003 年，结束了旅游杂志的工作进入空窗期的李迎，决定来一次说走就走的旅行。那是她第一次自己规划而又不存在工作一说的旅行，本来这应该是一场坐着欧洲之星，拍着照、唱着歌环游欧洲的旅行，可万万没想到刚刚到达第一站——巴黎，就在机场发生了意外。

"戴高乐机场，因为没有签回程机票，我被扣留，请担保人担保之后辗转到了蒙马特，但那时已经过了青年旅社约定的入住时间。晚上 10 点，我拎着两个大箱子急需找一个能暂住的地方。街边的铺子都早已关门，唯有一家小面包店里还亮着灯，敲门进去想问问附近有什么地方可以住，老板是个看上去七十几岁的爷爷，他说女儿去美国读书了，面包店上面的阁楼是女儿之前的房间，空着可以借住，但没有任何服务，只有 8 平方米，唯一的好处是每天早晨会送我新出炉的面包。由于贪恋好吃的面包和这个比任何旅店都有趣的家，我取消了后来巴黎以外的所有行程，住了近半个月。"

这当然不是李迎的原计划，她本来想的是环游欧洲啊。可是没办法，谁让这里的生活太过惬意。在烤面包的香气中醒来，老爷爷每天早上不同花样的早餐，使劲咬一口满满的都是香甜，前所未有的幸福感包裹住了她。

从此，这个家便让她安居，每天都能吃上美味面包的店铺，就印在了她的脑海里，而且在她最沮丧、最抑郁的时候，给了她最温暖的安慰。一晃 14 年，"面包会有的"机缘巧合找到了一栋两层的店铺，没多想，李迎的第一反应就是把二楼设计成一个家，一个像家一样的空间。老朋友、建筑师王晖帮她完整地实现了这个设想。

曾经说三句话就能总结的人生是平淡的，那么李迎迄今为止的人生，估计铺开了写，需要3万字。

这个娇小的女孩，其实是个地道的北京妞。高中时一门心思想考中戏录音专业，信心满满地在志愿表上仅仅填了一个学校。完全没料到那一年北京高校调配招生名额，她被安排读了一所并不喜欢的大学。备受打击，可李迎并没闲着，在别人还在欢庆逃离高考魔爪的年纪，她已经开始和朋友一起创业，做了中国的第一个数码网站。

毕业后的李迎进入了央视，开始制作名人纪录片，采访对象都是科学家、学术泰斗这样的人物。刚刚大学毕业的小女孩，缺乏和这样厚度的人物做到对等的沟通，她的导师说：

"你的人生太过于简单了，没有丰富的人生阅历，又如何能够拍出这些充满人生阅历的伟人的纪录片呢？你去体验不同的职业吧，如果10年后你还想做纪录片，再回来吧。"

之后的10年，李迎尝试了各种各样的生活与工作，创过业，当过杂志编辑，在门户网站做过频道主编。其间她在《时尚旅游》待了很多年，由她策划的博物馆封面故事、伦敦东西区文化比对专题，还获得了美国《国家地理》的全球编辑大奖。

也正是因为这次采访，她再一次感受到了自己的知识储备还不够丰富，第二次毅然停止工作，去波士顿学习比较文学，获得工作签证，准备移民美国。

到这里，李迎的人生都充满了成功与传奇，可能是因为前面的人

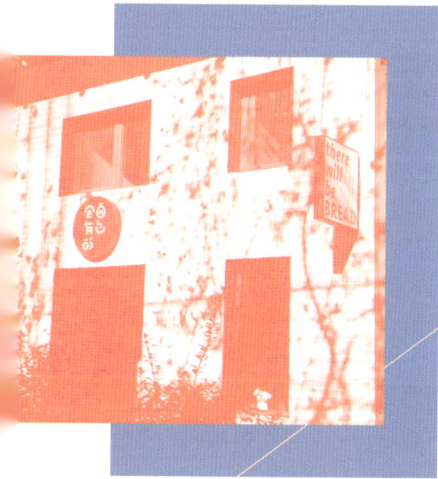

生太过完美，挫折便接踵而来。

母亲突遇车祸，生命岌岌可危，她辞去新工作迅速回国，托人用了整整 7 个月的时间才将已经运到美国的行李都运了回来。祸不单行，丈夫也在那时候和她提出了离婚，一无所有仿佛是一瞬间的事情。

在那段灰暗的日子里，生活只剩下陪床、吃药和抑郁症，李迎连出门都做不到。当家里的积蓄见底的时候，她意识到为了自己、为了父母，她得振奋起来，她需要赚钱养家。只为了赚钱的工作，当然不会存在什么幸福感，乌云永远密布在脸上。还好她还有一群为她着想的朋友，在一次喝酒唠嗑可是却不小心喝大之后，她的朋友问她，你有没有做起来会很开心的事情？

这时候的李迎想起了多年前的那家法国面包店，当年想要开店的梦想再次复苏，生根发芽。她说，我想要开面包店。

不懂做面包、不懂餐饮行业、不懂商业，开面包店这个梦想仿佛只是异想天开。可是李迎不愿放弃，只要一想到自己可以拥有一家想要的面包店，她就开心得无以复加，又如何会轻言放弃？

用了差不多 4 个月的时间，她做出了计划书，做了品牌定位和调查，以及预算，甚至物色了面包师人选，可本来顺利的计划却折在了投资人身上。两个答应投资的朋友竟然都在同一个星期骨折住院了，这让她再也不好意思开口"提钱"，缺少了投资人，有些灰心的李迎认为开店这件事大概是要无限期延后了，还好这时另一个朋友出手相助，帮她填补了资金空洞，这才让她有能力继续策划下去。

作为一家面包店楼上的民宿，李迎并没有急着到处宣传自己的店面，只是邀请了几位有名的朋友来试住。

第一位房客是复古咖啡 Berry Beans 的创始人韦寒夜。

韦寒夜在入住的那段时间刚刚不得已关闭了一家叫添糖自然醒的餐厅。他说，餐厅里的那些好吃的其实可以教大家怎么做，以后想吃了就在家里自己做。听了这些，李迎邀请他成为面包店楼上的第一位房客，周六入住，周日午后就在客厅里准备食材，邀请他的老客人和来面包店的客人上楼和他一起学几道好吃的菜。

第二位房客是音乐制作人常石磊。

从安定门的小厨房到幸福路的面包店，常石磊是家里人，也是店里最爱吃面包的客人之一，他时不时就给大家做面包、洗杯子，还贡献了音箱。在幸福路店刚开业的那几天，他在店里为面包店写了歌词。

第三位房客是邢嘉铭、梁嘉珮夫妇。

他们或许是城里最有趣、最养眼、学历最高的夫妇之一了。出了名的古董铺 Willow 就是这对夫妇创立的，在北京难得有那么好品位的小铺，一做 6 年，为很多人找到了一直都会穿戴在身上的好饰品。如今，嘉铭在幸福村距离面包店不远的地方开了家青海餐馆，名叫尕娃，淘气、淳朴，和店主一样。

第四位房客是作家苗炜。

苗炜其实有别的公职，但李迎说还是习惯给他作家这个头衔，因为他写的字最吸引人。巧就巧在当时面包店的名字正在筛选时，他出版了小说《面包会有的》，结果不谋而合。开店之后，苗炜送来了一些书，店里的常客都应该已经读过，也有直接拿回家看的。李迎想着二楼的家开业，怎么也要让他来住一下。

有趣的人们会吸引更多有趣的人，最终李迎的这家小小民宿，开始拥有了更多的客人。

—

地址：北京幸福村中路杰座大厦底商

19 平方米胡同咖啡小店，
却有带浴缸的超美民宿

北京香饵胡同，东起东四北大街，西至交道口南大街。有家胡同咖啡，名字很有特色，叫作"大小"。巴掌大的地方，每天挤得水泄不通，甚至引得戴袖章的胡同大妈都来打探。更厉害的是，咖啡馆才19 平方米大，但老板竟然在紧挨咖啡馆的边上，用 15 平方米造了间民宿，房间里面还藏着一个可以泡澡的大浴缸。

老板南杉，咖啡师，5月他和合伙人张一芃一起在这里开了店。

把朝北的房间做成咖啡馆，他们首先对屋顶进行改造，开了朝南的天窗，增加采光，店铺门口设置了亚克力遮雨棚，让客人既能享受下午的阳光，又可以为路过的行人遮风避雨。

室内空间由黄、白两部分组成，黄色空间是属于客人的，白色是咖啡师的操作区域。

中间用一条长长的大理石吧台隔开。

咖啡师的操作区，南杉隐藏了所有的电路线和水路，在白瓷墙上嵌了一排磁性不锈钢板，方便咖啡师及时取放日用品。墙面上装有可收放的铁板桌，客人可以随意使用，丝毫不会影响人的通行。吧台穿过玻璃墙延伸至室外，台阶的地方也都设有座位。天气好的时候可以在户外喝咖啡，体验会完全不同。店内饮品、餐牌都有专门的包装设计。

大小咖啡提供的咖啡都用单一产区的咖啡豆来制作，拿铁可以从产自印度尼西亚或者埃塞俄比亚的咖啡豆中选择。还有一款是南非独有的茶并且不含咖啡因，用它代替咖啡粉来做饮品。因为一芃以前是在南非念的大学，所以把这个茶带回了北京，还开发了几款用茶酿的酒产品。

吧台的特殊之处在于上方吊架悬挂了一个2.4米长的定制灯管，当客人第一步踏入咖啡厅的时候，这样长形的线条也强化了空间的纵深感，在视觉上增大了小咖啡馆的空间，复古棕红色的吧台椅更平添了一分文艺气息。

店铺后面和邻居大爷共用的院子中，有个小客房，入口设置成"L"形。卧室内的墙壁被粉刷了一层稻草泥涂料，别具新意地使用了编织

草席作为屋顶天花，还原了胡同房子的特色。简单的室内家具只为满足生活的基本需要：双人床下内置的双层抽屉可以存放多余的被褥和行李；一张软木的桌子让住客有了工作空间，精心挑选了 Achille Castiglioni 的吊灯，同时为书桌和床头照明。

卧室还有一个狭长的小洗浴间，贴满了白色的瓷砖，洗浴间的短边端头有一个抽水马桶，长边端头有一个在胡同里非常罕见的舒适浴缸，可以看到窗外的流光，呼吸到新鲜的空气。

—

地址：北京香饵胡同 78 号

摇滚乐手设计的谦虚旅舍

摇滚乐队"后海大鲨鱼"的吉他手曹璞，还有一个身份是建筑师，他去年在大栅栏设计的一间很不舒服的民宿，获得了建筑界的"奥斯卡"奖——Architizer A+ Awards，以及首届 UED 中国最美民宿大奖。

在胡同长大的曹璞很有胡同情结，过去一年，他一直在大栅栏炭儿胡同里跟老街坊较劲。他想利用大杂院儿里的闲置房屋建立民宿，曹璞负责这个最终敲定地点的改造。

上一次我们因为别的事儿去找他的时候，他站在那个比火车卧铺车厢大不了多少的空间里跟我们说："这里能住 4 个人，就是女孩上厕所不太方便。"见我们人多,他就转过身,把靠外的一面墙给推了出去,变成了一个正常大小的房间。

对的,谦虚旅舍,可以根据白天和夜晚室内外空间需求的不同,改变一面墙体的位置,从而改变室内外空间的大小。

曹璞说:"这肯定是 Airbnb 上最不舒服的一间旅舍。"曹璞管它叫作"谦虚旅舍"(humble hostel),主要意思是,咱们年轻人闯进这些老邻居住了几十年的院子里,得采取一种"退让"的谦虚态度,在用不着那么大空间的时候,把房子缩小,留出一块面积还给院子。一方面,这样不会加剧混居大杂院儿里本来就拥挤不堪的状况;另一方面,曹璞希望年轻人能把这块退让出的地方变成一个公共休闲空间,比如让院儿里一个爱好书法的大爷过来练练字,邀请邻居们坐下来喝喝茶、打打牌,从而让年轻的邻里关系融入老龄化的院子里。这些是靠那一堵连着床、写字台和窗户的"移动立面"来实现的。

谦虚旅舍退让前的面积是 12 平方米,完全缩小之后成为 7 平方米,里面却充分地安排了一个写字台、工作桌、四张床、两个储物空间和一个洗手间,把立面推开之后,甚至还能再加一张床。

整个旅舍被刷成白色,朝向院子的那一堵墙上有明亮的大窗,感觉上还是比较从容和轻快的。跟都市年轻人不得不居住在狭小空间的无奈相比,谦虚旅舍比较"主动"地献出了一点宝贵的地方,是对大杂院儿里混乱的空间和艰难的人际关系的一种整理。

–

地址:北京大栅栏炭儿胡同

初创民宿如何自我定位与宣传？

CHAP-
TER

④　④

我一直喜欢研究来住我们民宿的客人，发现有几个特点。住一天的人很少，居住时间远大于酒店，4~7天为主，时不时还有住一个月的客人。国际背景客人居多，留学生、来中国游学的、需要长期商务出差的，抑或是和家人朋友来过一个长长的假期，甚至经常有一大批上海本地的客人，来民宿换一种生活，或者当作一种新的休闲方式，在同城很近的地方就享受了度假。因为这是老洋房，和他们平时生活的房子区别很大，有历史背景、属地文化。

宁波和普吉岛的民宿，基本都是旅游。那么，首先你要确定你的所在地，你的客人身份也会有所不同。

销售好的房子必须是功能很全的，客厅、卧室、厨房，甚至院子、露台、工作台、更衣室、洗衣机、烤箱、卫生间、浴缸、影音……越全越好，可居家、可商务、可开派对。如果功能局限，装得再美，订房率也不会高。

来住我们房子的客人大多是和我们很相似的人：做艺术的，做服装的，意见领袖，年轻人，全世界游玩、吃喝玩乐享乐派，兴许爱好广泛、个性十足，更重要的是会打扮、长得好看的人。说白了，人们选择民宿，而不是酒店，就是喜欢民宿带给他的主人的个人魅力，代表的理想生活。

那么给自己的民宿讲一段有价值观的故事，在最初的传播上是很有必要的。还是举例说明吧，我们宁波的书房民宿开业的时候，发了一篇题为《推开书柜潜入海底滚床单，还有比这更不正经的书房吗？》的微信文章，包含了几个关键词：隐藏式房间、书、海洋主题、有趣的态度。

书房在宁波月湖，是被称为"街心净土，市内桃源"的一泓湖水边，正宗的宁波海曙老城中心、月湖盛园历史街区。兼得历史风情与现世生活便利，从下火车至此仅9分钟车程，再沿月湖漫步10分钟便到远东最古老的藏书楼天一阁了。另外城隍庙、天一广场、鼓楼都能一眼看到。作为宁波的母亲湖，月湖是宁波文化的重要聚集地，是宁波传统人居环境之所系、浓厚历史文脉之所在。在历史上，月湖素有"浙东邹鲁、文献之邦、教育之所"的美名。它独特的书香气质，是对都市生活的全新定义，大隐繁华，静世雅居，跃升了生活品质与高度，以及文雅隐逸的生活情怀。

那么来宁波旅游的人，尤其是会来月湖的人，必然对书、书房、文化感兴趣。在文章内已经介绍了，我们的二楼和三楼有17个放满书的书柜，内藏秘密，只要用身份证轻刷书脊，书柜就会移开，呈现密室客房。是不是很有宣传的趣点？另外，墙纸、门把手、吊灯等小细节，我们也都是用的书的造型。

24小时不打烊的休息室、非洲日晒咖啡豆、野生古树滇红茶、橡木桶酿造的修道院精酿啤酒、朋友从勃艮第背回来的葡萄酒、蓝龙虾泡饭、从西班牙农场里背来的火腿，配合澄蓝的门后是紧紧跟随大座头鲸的小鲸鱼的装饰，有美食，有美景。站在这样的阳台上静静喝一杯，看看城中景色，真有种"读万卷书不如开一天房"的惬意。

打理书房民宿的大掌柜 Lee，腿长2米，是个混血帅哥，热爱周游世界，必须把他的照片挂出来，此事无关风月，只是大家都热爱美好。

让客人觉得，自己能把设计、理想的生活睡出来，宣传就是这么自然。

PART 5

民宿 = 民 + 宿

旅行中最好玩的部分，

不就是人与人的联结吗？

CHAP-
TER

(1) (3)

2017 年 Airbnb 已经从单一的住宿提供平台，拓展为可提供当地行程预订的综合性旅行服务平台。这一新领域从 2016 年年底开始试行，名为 Airbnb trips-experience。首批试行的地点有旧金山、东京、伦敦等城市。以前你可以去 Airbnb 做房东，现在你还可以做一名自由导游，提供你拿手的当地行程，供全球所有的旅行者选择。

近年来，人们越来越多地谈及用户体验，尤其现在步入互联网时代，用户体验成了赢得市场的最关键因素。但同时也有不少反驳的声音，许多人认为体验感是个看不见摸不着的东西，持续时间也很不长，不如实实际际买一个东西或吃或玩来得幸福。

旧金山州立大学的专家研究发现，人们实质上低估了体验消费的价值，他发现如果人们买了一个东西，过两个星期以后问他们对这个东西的满意度，结果表明和人们在买的时候的预估程度相差无几。但是让他们买了一次体验，以后的评价就天差地别了，数据显示体验消费两周后体验的快乐高了 106%，结论是人们在消费体验后比预估的幸福感更高，并且更持久。这其实就给了酒店主一个启发，让客人进行有意义的体验，使他们更加快乐。所以我们经常会给来到这里的客人推荐当地特色的体验活动，使他的这趟旅程更加完美、丰满。

因此根据我们民宿的不同所在地，我们分别有不同的文化地图交给客人。

上海摇摆舞
—— 老克勒爷爷的推荐

　　例如上海，我们会推荐客人参加复古舞会，在这里必须着复古正装出席，整场舞会不允许用手机。就像 20 世纪二三十年代的老克勒和时髦小姐，穿梭在大都会舞厅，喝无糖的黑咖啡、听爵士乐……尽情舞蹈，带着时光的雕琢，带着未完的故事。我们也会推荐客人品尝上海的美食，尤其是各种开在老洋房内的私房菜，它的特点就是不用化学调味品，靠的是天然方法。菜馆里也没有任何现代化的厨具，用的都是火灶。又如绝佳的二人世界的望江阁，是一个主打外滩美景的顶层餐厅，听说这里是一个有着浓厚浪漫因子的地方，有许多男士选择在这儿向女友求婚，而且包管一次成功。

—

望江阁：上海市黄浦区中山东一路3号外滩3号7层

　　栖峰堂的老板娘是一位服装设计师、画家、美食达人，她的每一款本邦菜，菜色都兼顾了美味和颜值，每天书法手写的菜单吸引了成龙、沈宏非、陈坤一众名人、明星光顾。

—

栖峰堂：上海市徐汇区湖南路新乐路82号首席公馆（上海首席公馆酒店原址为旧上海最有影响力的人物杜月笙的公馆）

玩复古最认真的摇摆舞会：

❶ 着复古正装出席。不符合着装要求的会被拒绝入场，甚至退票。

❷ 整场舞会不允许用手机。

敢制定这样颇具挑战规则的两位姑娘，就是小芳廷的老板当当，以及 Lolo love vintage 的老板 Lolo。她们说："因为我们玩得很认真。"小芳廷咖啡馆会不定期地有各种爵士之夜，邀请优秀的爵士乐队驻场演出。店主当当是爵士迷，Bee's Knees Ballroom 复古舞会上的每一支音乐自然也都由她亲自挑选。小芳廷咖啡馆的店址也相当隐蔽，藏匿在一幢 1922 年的复古院落中，拱形红砖小门，细碎石子路，引出一个秘密花园。因为喜欢旧物，每年会全世界到处淘宝的当当，俨然已经将咖啡馆打造成了一个小型的古董博物馆。

看过《何以笙箫默》的人，应该对小芳廷不陌生。这家有着独特复古风格的咖啡馆，正是《何以笙箫默》的取景地。除此之外，小小花园系列的其他 7 家咖啡馆和古董店也坐落于市中心不同的隐秘之处。

成立于 2008 年的 I MUSE BARBER SHOP 复古造型理发店，在开业的第 8 年，从零陵路搬到了永福路上一个 200 平方米的秘密花园。I MUSE 的私人整体造型团队目前只有 4 个人，采取一对一的预约服务制。老板兼造型师 Henry 是一个留着达利一样复古八字胡的帅哥。

"理发店，除了是一个聚集的场所，更是一个复杂社会的缩影。在这个环境下，人们可以展示真实的自我，发表自由的言论。这里成为男士们、女士们的乌托邦和避难所，一个摆脱唠叨的妻子和伪装的世界，一个可以真正做自己的地方。"

宁波 吃喝玩乐
—— 会玩的设计师们诚意推荐

谈到宁波，最常被提及的是商人与海鲜；而常被忽略的是它悠久的历史和人文内涵。陆游曾经这样评价宁波："风物可人吾欲住。"

宁波给人的初步印象，是由水和桥串联出的城市景观。余姚江和奉化江，穿过山谷平原，流经河网地带，交汇成浩浩荡荡的甬江，东流入海。

在城西南隅的月湖公园，则充盈着江南园林独有的情致。宋元以来，月湖是浙东学术中心，也是文人墨客憩息荟萃之地，贺知章、王安石、史浩等风流人物，在此或隐居，或讲学，或为官，或著书。余秋雨一篇《风雨天一阁》，让无数爱书人对这座现存最早的私人藏书楼充满向往，而范钦一家几代人对天一阁的坚守，恰恰也是宁波这座城市书卷气质与治学传统的最好诠释。

行走在宁波，你会感受到这个城市的丰富和多元。这里曾经作为中国面向世界的窗口，早早迎来了近代化萌芽，既有摩登的商业，也有小城的安逸。水乡泽国的风物与诗书传家的习俗荡涤着老一辈宁波人的品性，在咸涩海风中浸泡长大的宁波年轻人亦自信勇敢，无惧商业时代的浪潮。

像中国的许多城市一样，宁波城区具有传统风貌的街巷民居也在逐年减少，以小青瓦、硬山墙为主的"微波"式城市轮廓线正在消亡。因此，月湖西区被众多宁波人视为"最后的遗存"。月湖西岸老街区拆迁之时，我带客人去参加过居民自发在废墟里开的告别音乐会。演出的场地，在"天一街4号"的三楼，楼顶已经被掀掉了，前面则是一片开阔地，遍地的瓦砾废墟。做广告的街坊程健捷，从公司里拿来两个400瓦的投影灯，接上电，强烈的灯光将原本灰白的墙照得非常明亮。街坊邻居们在舞台上吹小号、拉二胡，甚至去年的时候，杨仁迓提议公祭范钦510周年生辰。她说，一方面，月湖西区文化街区和宁波重文崇教传统的形成，范家太公功不可没；另一方面，街坊邻居在这里生活了这么多年，还算平安，也是托了范家太公的福。"宁波人对月湖（当然不只是一池湖水）与天一阁，对范家太公，就像对自己的祖先一样敬重。"

历经4年建设的宁波历史博物馆，由建筑师王澍设计，是宁波市用以展示人文、历史、艺术类以及具有地域特色收藏的综合性博物馆。在外观设计上大量运用了宁波旧城改造中积累下来的旧砖瓦、陶片，形成24米高的"瓦片墙"，同时运用具有江南特色的毛竹制成特殊模板清水混凝土墙，毛竹随意开裂后形成的肌理效果清晰地显现。

–

地址：宁波市鄞州区首南中路 1000 号

　　天一阁建于明朝中期，由当时退隐的兵部右侍郎范钦主持建造，占地面积 2.6 万平方米，已有 400 多年的历史，是中国现存最早的私家藏书楼，也是亚洲现有最古老的图书馆和世界最早的三大家族图书馆之一。

–

地址：宁波市海曙区天一街

由出版人、假杂志发起人言由创立，2017 年正式对外开放。一层是摄影书店和活动空间，二层是摄影图书馆和工作区域。图书馆免费向公众开放阅览，旨在与国内摄影书爱好者分享更多国际摄影书出版和发展的动态。

–

地址：

宁波市江北宝马街 8 号 公园 3 号楼

鱼米之乡的宁波，我们自然会推荐逛有名的南塘老街，这里是集历史古迹、旅游观光、文化休闲、宁波老字号、宁波名优特产、民俗特色于一体，展现宁波江南水乡城市特征的历史文化特色商业街区。内部还有很多宁波老字号和特色小吃，例如宁海五丰堂、余姚黄鱼面、慈城四季香年糕、慈溪豆酥糖、奉化牛肉面、东钱湖十六格馄饨、鄞州全丰记等。除了宁波特色美食，地方上我们还会推荐宁波人极其钟爱的海鲜夜排档，例如在可谓寸土寸金的宁波的老城区一带的小南苑排档，地方不大，看上去也不是那么有排场，生意却很好，可想而知有多美味了。又如江北白沙菜场"蛋汤"排档，地处市中心地带、交通方便，又有一线江景在旁撑腰，借着天时地利，逐渐称霸甬城夜宵市场。这里也是"浙江省首家三星级排档"，是宁波夜宵第一品牌，甚至还推出了微博、微信。

–

地址：宁波市海曙区南郊路 236 号

泼水节的普吉岛

所有人都说，没来过普吉岛的夜市，就不能真正感受普吉岛的风情。所以来到这儿我们必推热闹迷醉的芭东夜市，附近有江西冷购物区，做按摩的店，既有宾馆也有民宿，尤其这里还有最负盛名的酒吧一条街，沉醉在灯红酒绿之中，不得不感叹，这里的生活的起点就是从晚上九十点开始的。除此之外我们也会推各种普吉岛的特色美食，如 Kingpower 自助餐，琳琅满目的美味，随心所欲地选择，吃到扶墙而出。除了各式海鲜大餐，普吉岛还藏着许多特色小吃：青木瓜沙拉、香蕉薄饼、泰式炒粉，等等。

每年旅游最热门的泼水节，我们更会给客人最实用的指南，什么样的水枪容量大、压力强，怎么保护手机，全身湿透之后我们贴心的民宿主人还有常备感冒药。

客人的惊喜由你来为他做好

CHAP-
TER

②　③

优质服务是要有所准备的。众所周知，全球服务做得最好的典范非迪士尼乐园莫属。就拿收银柜台的收银员来说吧，我们认为好服务的标准是其能把钱数好不出错，交钱的时候还会微笑说："顾客您好，请慢走。"但在迪士尼，就远远不够了。如果深夜的时候还在迪士尼里购物，那么迪士尼的收银员就会询问你晚上住哪里，会推荐给你晚上到达你的酒店的免费渡轮，还会给你去码头的地图，在你迷路的时候还会给你主动带路，甚至还会夸张地放下手头的工作把你领到目的地。同样的道理也可以运用在酒店业上。如今，大多数的酒店还都停留在让顾客满意的层面，就如同我们所认为的服务标准，但是真正的优质服务是注重服务的每个细节，让用户的体验超出预期。而这种超越预期，才是优质服务的关键。

而服务大多数是人和人之间发生的互动。在服务过程中，每一个员工的表现都至关重要。但是比这个更重要的是建立价值观的共识。醒山和书房想要告诉每一个员工的愿景是"像房子的主人一样去招待你们自己的客人，像家人一样提供超出预期的服务"。在我们的屋子里贴满了各种各样每一个"主人"自发留下的温馨小贴士，有提示预算和餐具的位置，使用小窍门，也有为美丽天气的祝福语……如果我们的每一个环节都能够给用户惊喜，那么一定会带来好评。用理性的话语来说就是如果宾客的预期是 10 分，那我们要做出的服务也是宾客真正获得 100 分。这 10 分和 100 分之间带来的差距，就是客人们感受到的惊喜。

例如，入住上海醒山的月光森林，来到这里我们会主动为客人发送详细到天衣无缝的入住指南。前期要准备好"三大件"的提示很多酒店都在做，但很少有详细解释"三大件"的使用与其他温馨提示，酒店的位置与路线很多酒店也都有提示，但是我们把所有抵达房子的交通路线，来这里的交通手段全部考虑在内，再到每一个路口的提示，一直引导客人走进大门，这样，他们就不需要再费心导航或询问附近的路人。抵达大门后，我们也会图文并茂地解释如何获取钥匙打开房门，房间内无线与电视的使用情况，甚至详细到出了问题怎么解决，附近有哪些好吃好喝的……不难发现，很多事情都是细枝末节的小事，但往往是这些小事，能让客人感受到超乎预期的惊喜。

细节决定认真程度，会让客人感觉温馨可靠，但光靠细节是不够获得那 100 分的，还在于那些超乎酒店功能的服务。在普吉岛我们买了车，就是为了给客人提供免费的接送机服务，我们有 24 小时的贴身管家，就和客人住在同一栋楼里，随叫随到，还可以送客人去任何想去的地方，并给管家团配备相机、无人飞机等摄影设备帮客人拍摄下精彩瞬间。更重要的是，每一位普吉岛的主人都是行旅达人，玩转所有的吃喝玩乐。附近有哪些好逛的，哪里举办什么活动，怎么玩，怎么吃，什么节日做什么，他们都知道，并深入研究了当地各种旅行项目，精心挑选出了灵活性非常大又是必玩的套餐优选，还提供所有游玩项目的定制服务，换句话说，只有想不到的服务，没有做不到的服务。

研究用户，研究人的需求和行为

CHAP-
TER

③ ③

想要深入了解用户，就要先搞清楚入住酒店的人真正需要些什么，而这些根本问题即使问一些专家、学者也不能很好地解决。因为现在很多专家是后知后觉的，而真正有资格来评论服务的人其实是我们的用户。所以想要理解用户，民宿老板就必须让自己成为"用户"。除了基础的培训，像酒店一样培训每一个员工，让他们彬彬有礼，落实那些成标准化的服务之外，民宿老板还需要去观察和亲身体验。因为大多数人在经营的时候总是关注于自己能看到的东西，却忘记了用户的切身感受，如果你没有和顾客一样排队等候办理入住手续，也没有体验过进入房间后睡的那些被铺平的床单等，你就没办法关注到顾客的需求。也就是说好的服务不是来自培训，而是来自对用户的洞察。就像买宝马，用户买的不是四个轮子一个车皮，而是这个高性能体现出来的身份和地位。所以真正地深挖用户需求并不是看用户在干什么或者提出了什么要求，而是这行为背后的心理模式，并去抽象地分析它。在用户提出表面需求的时候，深挖他们的欲望。而这个过程就是探究用户需求的关键。只有知道了用户真正买的是什么，才能知道如何做出超乎用户需求的服务体验。在我看来，民宿对于来到这里居住的宾客而言，他们要的其实不仅仅是一个简单的假期，更是一段充满快乐的、能够在未来回忆起来的时候觉得充满温馨的美好时光。

为了搭建这段温馨的时间，我们的每一间民宿里都非常重视场景化的体验。场景不仅是信息，也是引导。比如，上海的老洋房民宿里我们有一套热带绿植的院子，围墙之外就是热闹的现代化都市，但是在围墙之内就是我们创造的"世外桃源"。所以我们希望给用户创造

的感受是一进入这个院落就能感觉到和其他环境迥然不同的、高体验的服务区域，这样就能把用户的场景体验放大到极致，所以在这里也产生了许多故事。

例如，剧院民宿就有着一段爱情故事，那天是情人节，居住在上海本地的丈夫为了给"网红"妻子一个神秘的惊喜，便联系到我们在这里订了一间房子，在此度过了只属于他们的"蜜月"。他们都非常喜欢拍照，就用摄像头记录了他们在这里的时光，也写出了这里的故事。还有一个故事也让我十分感动，就发生在上海醒山的小城。当时客人的妻子已经怀胎近 10 个月了，宝宝即将出生，丈夫说为了留住这一段时光，他决心带着妻子来到上海度假。入住小城后，也许是有感而发吧，他们便在宝宝出生前拍了一系列的纪念照片。

PART 6

向酒店学习

说到酒店管理方案，去百度文库里一搜，你会很容易找到如香格里拉、威斯汀、洲际等国际连锁酒店的各种资料与文档，甚至你可以获得每个部门的员工手册、各部门标准化流程、入职手册、安全手册等各类标准操作规程。

　　没错，对于一个全球连锁化品牌，旗下员工无数，酒店必须要有其规章制度且形成一个标准化的流程，只有这样、酒店才便于管理、各项工作的效率与质量才有保障。但每当我入住酒店的时候，总会碰到各种各样的问题。例如，很多商务酒店的音箱形同虚设，因为接口还是 iPhone4 的，十分老套，当我询问之后得到的却只有抱歉，不仅音箱、手机充电线、HDMI 连接线也是如此，不是没有准备就是太过于老套。还有药店问题，我记得有一次是在夜晚 11 点，我开始发烧，然而我入住的超高端酒店的服务生却告知我，酒店里没有药品，因为这存在安全和责任纠纷，并且他表示并不知道附近有没有药店，即使我愿意额外支付报酬，也没有员工愿意帮我去买药。还有一点在于欢迎水果，假如我告知即将入住的客人是糖尿病患者，希望酒店方准备低糖分水果，但结果也同样以失败告终。

　　似乎所有高端酒店的服务生都是没有主观意识的人，根本无法满足我们提出的需求，而许多需求只是一些日常生活中非常基本的问题，甚至连小孩子都知道该如何解决，这些问题一直困扰着我，为什么会出现这样的情况呢？我想也许是大酒店一味追求标准而陷入的误区。因为酒店手册和考核标准是死的。

　　连锁酒店、精品酒店和民宿对比起来就像大公司和小公司，各有利弊。我认为两者之间有着本质的区别，大酒店行业有劳动力密集、碎片化等特质，而小酒店和民宿更注重客户，其兴起，正是因为特色化的服务带来了更高的居住体验。但就像"小公司"成长并非一蹴而就，一路走来，我们也跨越了不少坎儿。

运营管理心法

CHAP-
TER

(I)   (2)

最早刚经营民宿的时候，我们希望看到数字，换句话说就是高入住率和高收入。但是后来发现员工们的热情只停留在客人入住前，并不愿意为更好的服务而徒增成本，甚至会拒绝只订一天的老客人而把房源卖给订好几天的新客人，我认为，这实际上侵犯了老客户的利益。

现在，我们的管理非常重视柔性指标，也就是为了人性化地提升客户满意度。此后无论是客户好评率、转发量，还是入住率、回头率、卫生情况等指标都上来了，而且数字更加好看。

另外，团队里还多了一位酒店专业的合伙人——Jason，他是我敬佩的传统酒店业的突破性的元老级人物。作为全球金钥匙中国区首席代表，他培养过许许多多的礼宾部经理。在他的管理方法里有一条——每位员工手上有高达3000元资金的支配权限，这3000元用于在突发情况下服务客人所产生的消费。就比如当客户发现没带充电线，员工就会去楼下的7-11为其购买充电线；当客户生病了，员工也可以支配这一部分资金去购置合适的药品。这样，我们的每一位主人都是哆啦A梦，客人的每一个需求都能满足，这也就是我们提出的"24小时定制化贴身管家"。

团队的组成及其构架

CHAP-
TER

② ／ ②

年轻员工都需要充分的自由，如大名鼎鼎的谷歌会给员工20％的工作时间自由选择做自己感兴趣的项目，这样做的目的是鼓励员工进行更多的创新，无怪乎许多到过谷歌公司的人会看到有一些员工在工作时间玩游戏了。而我们，把房间平均分配给每一位"主人"，只要在房间管理好的情况下他们可以自由支配时间。这样一来，他们经常会做出远超大酒店的自发性的服务。比如，去地铁站接客人，或者带好奇的客人去尝试当地的特色早餐等。

事实证明，这样自由的工作性质也使我们可以招到更优秀的人才。不过自由并不代表毫无约束，因为其背后更大的是责任，无论是对公司还是客户。在这里我就说说我们团队最富有特色的管理模式。

首先，我们运作的是民宿和酒店，这是一家公司，而不是"家"。管理其实是对不合格的员工作斗争，而优秀的人才不需要管理，与他们合作好比管理好更加重要。最好的方式就是公司和个人之间找到一个合作点。如果找不到合作点，那就需要离开了。比如我们公司最早也有独立的销售团队、品牌团队和线上的自媒体运营，却始终做不出成绩。现在我们对于这三个方面都进行了外包，与专业的公司合作运营，这也分担了我们不少压力。

其次，管理结构应该是一个树状图。我们提取出了酒店里面的重要部门，让每一个员工做其中一块的负责人，同时我们让他们成为其中几个房间的"主人"。实际上，要使每个房间都能正常运作，每一个环节都达到要求，这就意味着每一个员工之间都会产生密切的联系，彼此之间有着业务上的往来。当然，大家在一个地方待久了也可以换换口味，可以选择在上海工作一段时间，也可以申请去有阳光沙滩的

普吉岛工作生活一段时间。这也能使他们感受到集体感。不仅如此，他们互助监督的同时还互相负责，每一个部门的负责人需要给其他主人的房间进行打分。每一个员工手上都有合理的管理与评分权，这使每一个人对每一个环节了如指掌，彼此之间的协作也十分默契，这样一来房间怎么会运营不好呢？

最后，这一点你可能会觉得夸张，公司的财务状况和数据都是向员工全面公开的。每一个"主人"都会清楚地看到自己管理的房间的收支情况、用户好评，自己创造了多少价值，市场行情如何，要赚多少钱才能应付得起日常成本。因此他们就可以自己制定上下班时间、休假时间，自己审批报销。换句话说，他们给自己当老板，也为自己工作，每个月拿多少工资取决于他们自己，这样可以最大限度地激发员工的自主性。

在开民宿前，
你还需要知道的

PART 7

线上房源平台的介绍及应用

CHAP-
TER

(I)　(3)

对于民宿、小酒店的经营者而言，其核心诉求是订单，而订单来源主要有微信公众号、携程、途家、Airbnb 和小猪等民宿集合平台。

想要把自己的房源上线到这些平台是需要有所准备的，以图文形式介绍客房，除了面积大小、内部设施、周边环境、交通方式和预订成功后自助入住的流程等基本内容，还要事无巨细地把各种细节照片及温馨提示贴出来予以客人便利。

众多平台里除了携程的审查较为严格外，其他几个平台都是欢迎私人住房上线的，通过网站提示能自助完成上线。

上线之后就需要管理房源及其订单，我们自己有一个统一的网络房态表供每位房主管家查看，叫作"云掌柜"，云掌柜显示每个房间每个日期的房态。房态分"空房""已预订""维修房"三种。因为云掌柜和微信公众平台是同套系统，所以除了从微信公众平台预订的单子会直接显示在云掌柜，从其他途径预订的订单要手动输入云掌柜，并把其他平台的相应日期关房，以免订超无房。

也许我这么说可能不好理解，举个例子吧，微信公众平台"剧院"房的 6 月 20 日到 22 日两晚接到订单，那么云掌柜会自动录入客户姓名、入离日期、房价等信息。这时，我们就要主动去携程、Airbnb、小猪平台，把 6 月 20 日到 22 日的剧院房间关掉，以免订单进来却无房可住。如果携程上接到这两晚的订单，那么房态表"云掌柜"是不会自动显示的，就首先要在云掌柜里手动录入订单的详情，包括客户姓名、入离日期、房价和预订渠道。录完之后，微信公众号就会自动显示该房源该日期不可预订，但是 Airbnb 及小猪平台还是需要手动去关房以免订超。如果有熟客用微信直接下订单，也要第一时间更新云掌柜，关闭该日期房源并把公司收款账号给客人，以便直接将款打到账上。

接到订单后，我们就需要与客人取得联系，除了发送《入住须知》，也要问候客户的具体入住时间、人数、交通方式，并相应地给出便捷的提示，如果是开车，也需要提醒停车场的位置、收费情况等，并询问是否需要帮忙搬行李等。而且具体房源具体分析，如入住醒山凡响，就需要嘱咐客户这里是老房子，木楼梯，尤其晚间回屋更要注意轻声，做到不扰民。

最后一步自然是推广了，当客户入住后，我们会推荐客人关注晚安醒山的公众平台，这里直接可以预订房间，没有手续费。而且我们也会鼓励他们把房间漂亮的照片发到朋友圈，与客户多方面地互动，并请他们关注公司微博及微信账号。

技术带来的自由

我越来越觉得只要身边有爱的人和事，走到哪里都是家。周围更会有这样一群人，他们的人生理想里必有一条是周游世界，而一辈子的探索也使我们的家可以在全世界的任何一个角落。为了让人们能够实现"belong anywhere"的极具想象力的生活方式，我开始热衷于探索一种办法。

最早的概念来源于我叔叔，他把上海市中心的房子出租了，一家三口就用收到的租金住进了酒店式公寓里，他说住在这里想旅行的时候可以随时离开，去哪儿、去多久都没问题，想要回来也可以随心所欲。不仅我叔叔如此，现在我们越来越多地听到这样的故事，如"90后"的设计师毕业后来到深山里亲手造了一个世外桃源的家，干起干花品牌；或是一对年轻的中国夫妻，来这边旅行就彻底爱上了清迈，于是从国内辞职在清迈盖了一个农场的家。人们希望自由地选择居住的地方甚至是国家。看到这里，你们是否也会萌生这样的想法，来到一个最理想的地方居住、生活。其实，我也是一样的。最近我很喜欢陈绮贞唱的电影《喜欢你》的主题曲，歌词里有一串问题"日内瓦湖的房子贵吗？世界上，7000个地方，我们定居哪儿？你喜欢去哪儿，青海或三亚，冰岛或三亚，冰岛或希腊？南美不去吗？沙漠你爱吗？"

那么有没有一种可能，我看着世界地图，哪儿美丽，我就点哪儿，就能去哪儿，甚至我可以直接把家安在瀑布边上、树上、悬崖上、海底、沙漠里……这种变革的强大能量尤其在酒店、民宿和家之间蔓延，并逐渐模糊它们之间的界限，但极致的乌托邦理想需要技术支持。因为那里之前也许什么都没有。而传统的房子需要花 1 ~ 2 年时间建造，不仅成本高，周期长，而且如果没有政府的基建设施，能源和排污限制因素很大。

所以现在我们的团队就在研发一种新的住房技术，是一个极具性价比且想象力丰富的豪宅，而且与传统建造方式不同的是，只需 2～4 个月的建造周期就能完工，而且每套房子五脏俱全，都配有全景无框架式大落地窗、超大的星空 SPA 池、常年恒温的无边泳池、健身房、茶室、景观书房、私家庭院、开放厨房、超大浴室、自然感的儿童区域……这些空间布局全部满足。

也许未来就是这样的模式——你告诉我你喜欢的地方和你喜欢的生活，我就直接给你"快递"一个房子过去，让用户不用受空间和时间的限制。而且我们做的房子就像工业化产品一样，高效、可复制。

接下来我就具体说说这个住房的模式与优点。我暂且先把它叫作 Nite 住宅，这是一种多功能、高效、可持续的房屋建筑，倡导迅速设计和制造完美无缺的住宅体系。住户完全可以自定 Nite 住宅的尺寸、空间组织和材质。而且 Nite 住宅房屋是在工厂预制的，包括软装和硬装，几乎 100% 在工厂完成。

为了满足地方和国家建筑法规规定，Nite 住宅房屋是作为模块交付的，而建筑构建是一种预先切割和分项材料的组合，这些材料被运往现场，然后在工地上组装起来建造房屋。

因有了这样的设计模式，Nite 住宅也有许多传统住宅无法比拟的优点，第一点是周期，传统自定义的选址住宅的平均完工时间为 12～18 个月。而它从建设开始到项目所在地的完工时间大约是工厂内一个月，现场搭建仅需三天。最关键的是，它不受天气、劳动力和库存管理系统的影响，工厂内部也会对房屋进行检查，减少延误的可能性，使这个时间表更加稳定，并且可预测。而且现场施工活动的周期短，噪声小，建筑垃圾少，对邻里关系也很好。

第二点是高质量，由于工厂工业化管理完善且过程遵循严格的质量控制措施，所有的材料都按照要求被切割和组装。且房屋被设计成可以运输，因此在结构上更优越。施工期间，质量控制措施也不断得到监控。

第三点是降低成本，而成本也可以再分成三块。第一块是设计，通过它，一个家庭的建造和操作可以花费更少的费用，而且我们可以通过建网站确保所选的系统适合家庭和当地的气候，以减少对环境的影响。第二块是施工期间的融资成本，因为在施工期间支付的利息被削减了一半，使总融资成本可以减少25%～40%。第三块是建造成本，高达70%的建筑都是在工厂完成的，而在这个高效的工厂环境里有工具和设备随时可用，而且往往位于成本较低的劳动力市场。通过粗略计算，劳动力成本降低了5%～15%。

根据中国建筑装饰协会行业发展部测算，住宅装饰、装修平均一户可能产生2吨垃圾，其中有85%是可回收再利用的资源。所以第四点是装配过程模块化使房屋能减少高达70%的建筑垃圾。既节约成本，也有利于环境。

而且我们还利用设计、材料和系统来进一步减少对环境的影响。例如，通过适当使用自然光、太阳能等自然加热和冷却来减少能源使用。又如，尽量选择耐用性强的材料和可再生的能源系统。

有趣的客人们

CHAP-
TER

③ ③

许多人住民宿是因为民宿老板大多是个有故事的人，而开民宿的人，也往往会遇到许多有趣的客人。就如桃桃，一个典型的上海姑娘，留着清爽的短发，适中的妆容，显出一种特殊的气质。她说她是来参加甜品培训班的时候住我们酒店的，相对匆忙来往的旅客，12 天的住客算是长住了。长住客除了给酒店带来利润外还省下了不少工作量，自然更受欢迎。当然，我喜欢桃桃不只是因为如此。

　　第一次见桃桃是我当班的时候，她坐在角落里看书，太安静以至于我没发现。同事杰克欢迎我来接班给我做了杯咖啡，为表达谢意我讲了个段子，害杰克洒了咖啡，桃桃也在角落笑出声来，为表愧歉打扰她看书我也请桃桃喝了杯咖啡，就这样认识了她。

　　当时书房的早餐比较简单，咖啡、牛奶、烤吐司，还有点水果。桃桃就这样连吃了三天吐司，虽没说什么，但我不好意思了，连吃12 天烤吐司会出人命吧？为此，我就早起给她买仓桥面结、生煎、小笼等，每天换着花样地提供"特殊待遇"。

　　桃桃是个喜欢安静的人，不愿意和没话找话的人聊天，自然，对公众场合的要求也比较苛刻，而书房大堂的氛围恰恰是她喜欢的感觉，所以我们也算是"臭味相投"。桃桃上课的地方要路过月湖公园和美丽的长春路，清早空气好我也会陪她走一段，话不多，但很融洽。

　　桃桃手很巧，毕业作品是方塘蛋糕，惟妙惟肖的荷花、向日葵、牡丹、玫瑰，若不是亲眼所见，根本无法相信这其实是用面粉捏出来的。很长一段时间，这也作为书房的装点。毕业后的一个月，桃桃带着桃爹一并回来住，桃爹是个文化人，非常喜欢书房满是书的环境，还特地写了副"历代伦理存书简，千古文章藏书房"送给我们。如今，这字就挂在大门最醒目的位置。听说后来桃桃的三姑六婆、表姐、表姐夫都来住过，也都很是喜欢。

那段时间我还领养了只猫，取谐音"逃逃"，桃桃听说后很开心，还特地寄来了猫粮和玩具。逃逃后来长得很好，我们都很爱它。

还有一个客人叫六神，他算是我在房客中交的朋友来往最勤的，基本每周约一次饭，散个步，谈谈天。

六神是在他们团队给太平鸟集团做上市的时候入住书房酒店的。而我们搭上话是因为音乐。由于我对公共场合的声音比较苛刻，在酒店放音乐就更加慎重，所以我只会在客人都上去睡觉的时候才放点自己喜欢的摇滚乐。那天六神来得很晚，听到我放的音乐是李志的歌，就很惊讶，跟身边同事说是李志，但同事莫名其妙，纷纷表示并不认识。等他们进了电梯，六神折回来与我聊天，就这样开始，我们常常半夜三更地谈天说地。六神作为一个传统宅男，读过很多书，也很有学问，知道许多冷僻知识，而每当他读到好文章，总会带来给我读一遍，读完再一起讨论。有时候路过的客人也会过来一起听、一起讨论，简直堪比现场版喜马拉雅。

有一次，历史学者谭伯牛老师和前三联杂志的主笔"三表哥"王小峰来宁波做讲座，就住在书房酒店，那晚六神也在，我们和两位老师天南地北地聊到凌晨4点钟才各自回房休息。第二天意犹未尽，谭老师又下来一起聊天，结果直接聊到7点，客人都各自睡醒下来吃早餐了，我们才散去睡觉……

图书在版编目（CIP）数据

睡遍这世界醉美民宿 / 沈虹著 . —北京：中国友谊出版公司 , 2018.7

ISBN 978-7-5057-4384-7

Ⅰ . ①睡… Ⅱ . ①沈… Ⅲ . ①旅馆－介绍－世界 Ⅳ . ① F719.2

中国版本图书馆 CIP 数据核字 (2018) 第 112297 号

书名	睡遍这世界醉美民宿
著者	沈虹
出版	中国友谊出版公司
发行	中国友谊出版公司
经销	新华书店
印刷	北京盛通印刷股份有限公司
规格	880×1230 毫米　32 开
	9.5 印张　210 千字
版次	2018 年 11 月第 1 版
印次	2018 年 11 月第 1 次印刷
书号	ISBN 978-7-5057-4384-7
定价	60.00 元
地址	北京市朝阳区西坝河南里 17 号楼
邮编	100028
电话	（010）64668676